やすだ あんな

—大物タレント本を書くプロが公開！—

『ゴーストライター』になって年1000万円稼ぐとっておきの方法

To become a ghostwriter,
The best method of the annual
income of 10 million yen earning.

創幻舎

プロローグ　そうです、私が〝業界のオバケ〟です

「ゴーストライターって本当にいたんだね！」
「一体、どんな仕事なの？」

今年はじめに起こった「平成のベートーベン、ゴーストライター騒動」の際には、そんな会話が日本中で囁《ささや》かれました。私がゴーストライターとして仕事を始めた25年前から、その呼び名は使われていたので、「ゴーストライター」という職業（というか、仕事）は、かなり古くから存在していたのだと思います。

しかし、あれほど「ゴーストライター」という言葉が飛びかい、ゴーストライターが社会的な興味の対象となったことは、これまで記憶にありません。

はじめにお断りしておきますが、この本では作曲家のゴーストライターは対象にしていません。

ここでは、私が生業としてきた「書籍のゴーストライター」について取り上げて、その「仕事の内

容」と「稼ぎ方」についてわかりやすく解説しています。

目標は、年収1000万円‼

その目標に到達するためのノウハウのほか、ゴーストライターという仕事のおもしろさを感じられるエピソードなどもたっぷりと詰め込みました。

まず皆さんにお話したいのは、著名な作曲家の代わりに楽曲を提供するゴーストライターと、書籍のゴーストライターとは、明らかに意味が違うことです。

元々、作曲家や作家を名乗って仕事をしている人が、自分以外の誰かに作品を書かせていたとしたら、これは明らかにルール違反です。

でも、芸能人や企業の社長や、そのほか文章を書くことを生業としない職業の人が本を出版する場合、1冊すべて自分で書こうとしたら、大変な時間と労力がかかります。

さらに文章を書くのが得意でない場合は、自分が伝えたいことを正確に表現するのも難しいでしょう。

そこで、**それらの著者に成り代わって、著者本人へのインタビュー取材をもとに、本にするための原稿を書くのが書籍のゴーストライターの仕事になります。**

原則として、この際に書かれる文章の内容は、すべて著者が語ったことです。勝手に事実と違ったことを書くことはありません。

著者が経験してきたこと、嬉しかったこと、辛かったこと、目指していること、世の中のためになること、これまで語れなかったことを、**誠心誠意、著者になりきって書くのが書籍のゴーストライターなのです。**

少なくとも私は25年間、そうやってゴーストライターの仕事を続けてきました。そして、ゴーストライターとして90冊以上の本を書き続けてきた結果、最近では、

「ゴーストライターは意外に奥深い仕事なのかも」

と、思い始めるようになってきました。

私の場合、はじめは芸能人やスポーツ選手のゴーストライターを担当することが多かったのですが、最近では医師、投資家、企業の社長の本を担当することも増えています。

様々なジャンルで一流と呼ばれる方々の職業観や人生観、成功のノウハウ、さらに人としての魅力、コミュニケーション能力に深く触れることができるのは、ゴーストライターの仕事の醍醐味とも言えます。

「文章を書くことが好きなら、今すぐプロとしてスタートラインに立てる！」

この本を手にとってくださったあなたは、**きっと一度は「作家やライター」を夢見たことがあるのではないでしょうか。**

なかには、ブログやフェイスブックに、日常起こった出来事を書き綴っている方もいらっしゃるのではないかと思います。

文章を書くことが好き、文書を書くことが苦ではない、子供の頃や学生時代、親や先生、友人に「文章を褒められた」経験がある方もいると思います。

かつて、カラオケ文化が流行し始めた頃「1億総歌手」と呼ばれた時代がありました。カラオケでアイドルやアーチストたちの歌を、本人になりきって歌っているのは、今も昔も変わりありません。

それになぞらえれば、ブログやツイッター、フェイスブックなどが台頭してきた現在は、「一億総ライター時代」と言えるのかもしれません。

いまや多くの人が、ブログやツイッターなどを通じて、自分の考えや、さまざまな情報を「書く」という行為を通して発信し続けています。

手紙や交換日記がなくなっても、ツールこそ違え、人間は「書く」ことで自分の思いや情報を伝えたい生き物なのだと、つくづく思い知らされます。

文章を書くことが好きな人は、子どもたちがスポーツ選手やアイドルを夢見るように、もっとプロのライターを目指してもいいのではないか？　私は最近、心底そう痛感しています。

文章を書く仕事は、何も資格はいりません。特別、準備しなければならないモノもありません。パソコンが1台あればＯＫです。

年齢もこれまでの経歴も関係ありません。**あなたのやる気次第で、今日からでもプロのスタートラインに立てるのです。**

とくに、在宅で仕事がしたい人、たとえば会社勤めができない専業主婦の方などにとって、ゴーストライターはとても適した職業だと思います。

この本では、**「自分もゴーストライターやライターになって稼いでみたい」と思う人に役立つように、ゴーストライターの仕事の実態やその裏側、さらには基本的な原稿の書き方、インタビュー**

取材の極意などについて、私の25年の経験を基にそのノウハウをあますことなく書いてみました。

文章を書くのが好きな人、ライターになりたい人、いつかは作家デビューしたい人、定年に関係なく稼ぎたい人、天職に出会いたい人……。

文章で稼ぐことを夢見たものの、これまでチャンスの扉を開ける勇気のなかった人の背中を押すことができれば、こんなに嬉しいことはありません。

やすだ　あんな

Contents

Chapter 2 オバケの裏側、お見せします

Chapter 1

ゴーストライターのお仕事とは？

「ライターのお仕事の種類と棲み分けを知ろう」

この本を手に取られたあなたは、おそらく文章を書いて稼ぎたい、稼げればいいな、と考えている方だと思います。そこで、まずはじめに、文章を書いて稼ぐプロである「ライター」には、どんな種類があるのか整理しておくことにしましょう。

世間一般で言われる「ライター」とは、**「文章を書く仕事をしている人」**という意味です。「ライター」以外の表現では「著述業」や「作家」と言うこともあり、担当する案件や発表する媒体によって分類することができます。

ここでは、それぞれのライターについて、仕事内容の紹介のほか、難易度や稼ぎ度についても触れてみました。

難易度は、その仕事に就くための難しさや求められるライティング力を示しています。

稼ぎ度は、ひとつの案件をこなしたときのギャラが多いか少ないかを表します。それぞれ5

段階の星で示しました。いずれも目安ではありますが、参考にしてみてください（もちろんいずれも例外はあります）。

さまざまなライターの種類をひと通り理解したら、本書のテーマである**「今だからこそ、ゴーストライターになって稼ぐのが一番」**という理由についても説明したいと思います。

雑誌ライター

週刊誌や月刊誌の記事を取材して原稿を書くのが仕事です。

なかには企画から、取材↓原稿↓校正↓印刷入稿まで行う編集ライターもいます。

大手の出版社、特に締切時間に日々追われている週刊誌の現場などでは、ライターの中もさらに分業化されています。取材をしたり資料を集めて下書きの原稿を書くデータマンと、データマンが書いたデータ原稿を基に、印刷にまわす完成原稿を書くアンカーマンが存在するのです。

こうした場合、アンカーマンには実績、実力のあるライターが起用されます。

（難易度　★★★　／稼ぎ度　★★）

専門ライター

特定のジャンルに特化した媒体に原稿を書くのが専門ライターです。

主なジャンルは、グルメ、ファッション、音楽、コスメ、スポーツ、医療、クルマ、金融などです。

専門的分野を担当するライターには、そのジャンルの深い知識と最新の情報、幅広い人脈が求められます。

雑誌の休刊・廃刊が多くなるにつれ、雑誌だけに絞った専門ライターの生き残りはかなり厳しくなっています。

とくに、音楽やファッション、スポーツ、クルマなどのジャンルで顕著です。専門知識を活かして、自分の名前で本を買いたり、コメンテーターとして多くの媒体に登場するようになれば、安定して稼げる可能性はありますが、相当な努力が必要になります。

専門ライターの中には、雑誌で書くことを見限って、早くからサイトのコンテンツなどに仕事の場を移している人も多いようです。

（難易度　★★★　／稼ぎ度　★）

テクニカルライター

パソコンや家電、ゲーム機器など、商品に付随する取り扱い説明書の執筆を専門とするライターです。

各メーカーで募集しているので、電子機器の基礎知識があり、各マニュアルのルールにのっとって書けるならば、レギュラーとしての定着率は高いようです。

募集広告で見る限りでは、正社員で年収４００万円から６００万円が相場です。人材も不足しているようで、ライターとして安定を求めるなら悪くはありません。

なお、パソコンやＩＴ関係の解説記事を書くライターをテクニカルライターということもありますが、こちらは専門ライターの１ジャンルといえるでしょう。

（難易度　★★★　／稼ぎ度　★★★）

コピーライター

コピーライターとは、主に商品を売るための「キャッチコピー」を書く人のことを言います。大手の商品や全国展開のキャンペーンなどのコピーを手がける有名コピーライターに限れば、１本のギャラが何百万円にもなる場合もあります。

ただ、これは私の実感ですが、バブル期のようにコピーライターだけで食べていくのは、現在ではかなり難しくなってきています。

現に、カタログや企業の広報誌などのコピーは、いまや一般のライターが原稿と一緒に書くパターンがほとんどです。

（難易度　★★　／稼ぎ度　★★）

ルポライター（ノンフィクションライター）

実在する人物や、事件、会社などの組織を長期に渡って徹底的に取材。その実態や問題点に鋭く切り込んで著作を書くライターを、ルポライターやノンフィクション作家（ライター）と言います。

有名なルポライターでは、美空ひばりやビートルズを徹底的に追いかけてルポした、故・竹中労氏や、スポーツや旅のドキュメント作品で知られる沢木耕太郎氏などがいます。

ひとつのテーマをコツコツと地道に追い求める執念や、真実や矛盾点を見抜く洞察力が求められます。

ルポライターを目指すには、まずは自分が得意なジャンルや強くこだわりのある分野でテーマを立てて、独自に綿密な取材をして原稿にまとめ、その原稿を出版社に売り込む―それくらいの気概が求められます。

そこで認められれば、雑誌で連載をもらえたり、特定テーマの取材を取材費をもらいながら行える、というようになっていくこともあります。そうやって書き溜めた原稿がある程度まとまった段階で単行本を出す、となれば理想でしょう。
（難易度　★★★★★／稼ぎ度　★★★）

テープリライター

ここ数年、主婦をターゲットに在宅や副業でできる仕事として人気が高いのが、取材して録音したデータを書き起こしていく、テープリライターです。

いわゆる「テープ起こし」と言われるこの仕事は、1時間から2時間の取材テープを聞いて、内容をそのままパソコンで打ち込んで原稿を仕上げます。

よく「1時間の録音テープの書き起こしなら、すぐできるだろう」と思う人もいるようですが、じつは「テープ起こし」は思った以上に手間がかかります。

録音状態が悪かったり、専門用語がたくさん出てくると、言葉を聞き取るのに何度も聞き直さなければならないからです。

一般的に、新人ライターは、まず「テープ起こし」を徹底的にやらされます。

かつて新人ライターだった私も、最初の仕事は先輩ライターが取材してきた録音テープのテープ起こしでした。テープ起こしをすることで、取材のノウハウや、原稿書きのポイントを学ぶことができるので、新人が「研修」代わりにやるのに最適なのです。

テープ起こし専門で仕事を斡旋している会社もあります。信用できる会社かどうかの見極めは必要ですが、需要がそれなりにあるのは確かです。

（難易度 ★ ／稼ぎ度 ★）

ブログライター、インターネットライター

ここ数年、急激に増えたのがブログやインターネットを専門とするライターです。

大手サイトなどでは、コラムやニュース記事、企業のタイアップ記事など、雑誌にあるような企画や内容は、ほぼ同様に扱っています。

基本的には、ネットの知識がなくても、通常のライター業務ができれば書ける内容がほとんどですが、最近では、ネットの閲覧数を上げるノウハウのコンサルティングができるライターも現れています。

私もこの4、5年で、ネットでの仕事がぐんと増えました。最近では、※**タイアップ記事**のオファーが多くなっています。

ネットは原稿が揃えばすぐアップできるので、締切までのスパンが短く、原稿を書くスピードが重視される傾向があります。

また、ブログライターとは、自分のブログを地道に書き続ける人のことではなく、著名人や企業の社長などのブログを代筆する、いわばネット界のゴーストライターのことです。

※**タイアップ記事**／企業などのクライアントがお金を出す、記事の体裁をとった広告。

最近は、ライター募集にこのブログライターが増えているように思います。雑誌など紙媒体の経験がなく、いきなりブログライターでデビューする人も出てきているようです。業界の人たちに聞くと、出版のライターと同様にその腕前はピンキリだとか。

（難易度　★★　／稼ぎ度　★★）

シナリオライター（脚本家）

ドラマや映画のシナリオを書く仕事をシナリオライター（脚本家）と言います。

かつて、フジテレビの月9のヒットで人気シナリオライターとなった、北川悦吏子氏や野島伸司氏などが全盛期の頃に、シナリオライターのブームが起こったことがあります。ドラマ全盛期の時代は、テレビ局もお金をかけて新人向けに「シナリオ大賞」を設け、新人シナリオライターの発掘と育成に力を注いでいたものです。

現在は、残念ながらオリジナルの脚本ではなかなか数字（視聴率）が取れず、もっぱら小説や漫画などの原作もののドラマが多くなり、シナリオライターの需要も減りつつあります。

（難易度　★★★　／稼ぎ度　★★★）

小説家、作家

作家自身が、想像力で産み出した架空の世界や、歴史上の出来事や実在する人物の資料をもとに、ストーリーを組み立て小説を書いていきます。

最近の例では、元銀行員の池井戸潤氏のように、かつての職業の裏側を描きながら、実態と架空の話を上手にミックスさせて売れっ子になった作家もいます。

作家になるには、出版社が主催する「小説大賞」などに作品を応募するのが一番の近道です。原稿を募集している出版社に作品を持参するのも手ですが、純文学などの場合は、最近特に売れなくなっているので、書籍化のハードルは非常に高くなっています。

仮に日本で最もステイタスの高い文学賞である芥川賞を獲ったとしても、1万部以上売れた本は受賞作品だけ。あとは2000~3000部の本が数点くらいで、やがて本を出すこともできなくなってしまう。そんな作家さんは想像以上にたくさんいます。

結局、文学賞を獲っても小説を書いているだけでは生活できないので、ゴーストライターの仕事をこなして生活している人もいると聞きます。

（難易度　★★★★★／稼ぎ度　★★）

ゴーストライター

プロローグでもお話したように、著者になり変わって本の原稿を執筆するのがゴーストライターです。タレント本、ビジネス本の9割はゴーストライターが書いているとも言われ、出版業界の　影武者として昔からなくてはならない存在でした。

インタビュー取材から、構成、見出し付けなど、1冊まるまる原稿を書くので、ライターとしてのクオリティが求められる分、やりがいがあり実績作りにもなります。

また、雑誌やネットでの案件は、いくら媒体が売れても、アクセス数が伸びても、原稿料がプラスされることはありませんが、書籍のゴーストライターは印税がもらえることも多いので、その場合は本が売れた分だけお金が入ってきます。

さらに、ゴーストライターの仕事内容は、すべてのライター業務の基礎にもなっています。ゴーストライターとして実績を積むことは、確実にライターとしてのステップアップにつながります。ですから、ゴーストライターの仕事をきっかけに、雑誌やネットなど他の媒体からの仕事が入ってくることもあるのです。もちろん、ゴーストライターからルポライターになったり、作家デビューすることも可能です。

著者になりかわって1冊書けるゴーストライターは、今後も出版される本の数だけ需要があると言っても過言でありません。また、その実績が他のジャンルのライター業につながることもあるので、案件をうまく組み合わせれば、ゴーストライターがもっとも稼ぎやすいとも言えるのです（後述）。

（難易度　★★　／稼ぎ度　★★★★★）

なぜ、ゴーストライターは他のライターよりお得なのか？

ライターデビューするならゴーストライターがオススメな理由を、もう少し詳しくお話ししましょう。具体的には、次の３つの理由があります。

理由１　雑誌やサイトのコンテンツ制作と比べると時間的余裕がある

雑誌やＷＥＢは仕事の発注から締切までがタイトなことが多いのですが、書籍は発注から締切までにある程度の時間的余裕があるので、原稿を書いてから推敲する時間が十分とれます。

私が過去に請けた案件では、あるサイトのニュース原稿で、取材した当日が締切という仕事がありました。その点、ゴーストライターは、著者への取材が終了してから、約１か月間くらいで原稿を書き上げればＯＫです。

また、最近は雑誌やＷＥＢで、タイアップ記事が増えていますが、タイアップ記事では、ライターが書いた原稿を複数のクライアント（企業、代理店、出版社、制作会社など）がいろんな角度からチェックして赤入れ（修正指示）してきます。この修正の対応には、かなり時間を取られます。スピードと文章力が求められるため、ライター経験が浅いと厳しい仕事になります。

その点、ゴーストライターの場合は、締切間際でない限り時間的余裕があるので、著者や編集者からの修正に対しても無理なく対応できます。

理由2 単行本のゴーストのほうがギャラ単価が高い

ブログやメルマガ、ＷＥＢのニュース原稿など、経験が少ないライターでも請けられる仕事はたくさんありますが、単価が低いものが多いのが実情です。ですから、それなりに収入を得るためには、数をこなす必要があります。

ゴーストライターは単行本１冊書くのに１か月くらいはかかりますが、原稿や印税でまとまった金額が入るので、コンスタントにこなすことでより稼ぐことができます。

理由3 雑誌の署名記事よりも実績ランクが高い

本の巻末に「編集協力」として名前が載るので、営業ツールにはもってこいです。
有名な著者のゴーストライターとしてベストセラーを出すことは、確実に次のオファーにつながります。

以上のように、ライターデビューするなら、まずはゴーストライターで実績を蓄えながら、他の媒体をこなしていくのが、ライターとして力をつけていく近道なのです。

雑誌やネットなど
すべての案件の基礎が学べる
ゴーストライターで実績を作ろう!

「作家はネタ切れするが、ゴーストライターは著者の数だけ無尽蔵」

ある出版セミナーに出席したことがあります。著名な作家が講師ということもあり、会場にはあふれんばかりの作家志望の参加者が、ざっと300名ほどいました。「本が売れない時代」と言われて久しいですが、世の中にはたくさんの「作家志望」がいることに改めて驚きました。

よく**「人は人生で1冊は本が書けるものだ」**と言われています。どんな人でも、その人が体験してきたこと、人生観、成功哲学、苦労したり失敗してきたこと、周囲の魅力的な人々とのエピソードを原稿にまとめれば、1冊の本にする価値はあるという意味でしょう。

しかし、職業作家として2冊、3冊と書き続けていくとなると、話は別です。デビュー作が小説であれ、エッセイであれ、ノウハウ本であれ、ビジネス本であれ、デビュー作とテーマがかぶらず、かつ売れる本を次々に書かなければならないからです。そのためには、著者自身が卓越した能力を持っているか、ひとつの分野に精通している必要があります。

実用書などの場合は、そのテーマについて緻密に取材や資料を集め、その分野で第一人者として通用するくらいの知識を基に、自分なりの新しい見解を書かなければ、読者に買ってもらうことはできません。

小説などの場合には、自分の経験や歴史上の人物、事柄を上手にアレンジしてストーリーにする想像力や文章力が必要です。

作家を生業にするためには、そのレベルの知識や努力、才能が必要になるのです。

だからと言って、作家デビューを否定するつもりはありません。作家になることを夢やゴールにしてもいいと思います。

ですが、自分自身がコンスタントに新たなテーマで書き続けていく自信がない場合は、**ゴーストライターとなって、まずは1冊書いてみること**をオススメします。

なぜなら、ゴースト本を書けば、本の原稿を仕上げるときに必要となる、さまざまな技術が身につくからです。

著者から取材したネタを、どうやって上手に料理するのか、構成の仕方や章立てはどうするか、読者が読みたくなるような見出しの付け方、といったノウハウを実際にゴースト本を書くことでたっぷり学ぶことができるのです。

もちろん一定レベル以上の文章力は必要ですが、基本的にゴーストライターは、著者へインタビューした際のテープ起こしのデータに基づいて原稿を書くので、書くべき内容が決まっています。

自分で本を書くとなると、1冊の本に盛り込むためのネタを探さなければなりません。この作業は想像以上に大変な労力が必要になります。ゴースト本の場合は、その苦労がない分、原稿を書く事に集中できるのです。

コツさえつかめば、著者に成り代わって、著者が伝えたいテーマを1冊に書き上げることができます。

ネタはそれこそ、著者の数だけあります。先ほど書いたように、世の中には著者になりたい人、本を出したい人が星の数ほどたくさんいるからです。

世の中に本がなくならない限り、ゴーストライターの仕事もなくならない。私がそう言い切れるのは、そんな背景があるからです。

著者とゴーストライター、こんなに違う印税システム

それではここで、ゴーストライターで実際にどれくらい稼げるか、すなわち支払われる印税や原稿料がどれくらいになるかを見ていくことにしましょう。

書籍が売れて「100万部突破！」といったニュースになったときに、よく話題になるのが著者に入る印税がいくらか、ということですが、多くの場合、本の印税は次の計算式で算出されます。

本の定価×印税率（10％）×部数＝印税

たとえば、定価1500円の本が、刷り部数1万部だとすると、

（1500円×10％）×1万＝150万円

印税率が10％の場合、著者への印税は150万円になります。ただ、ここから源泉徴収で税金が引かれるので（100万以下に10・21％、100万を超える部分に20・42％）、実際には129万5800円が著者に印税として入ることになります。

なお、印税率は、著者のネームバリューや実績、出版社の方針などで変動します。また、刷り部数ではなく実売部数で支払われることもあります。

ゴーストライターが書いた場合、この印税の一部がゴーストライターに支払われることになります。

これは出版社によってマチマチですが、私の場合は大体、2～4％が多かったように思います。

たとえば、初版1万部で3％の印税をもらうとなると、

（1500円×3％）×1万＝45万円

そこから源泉徴収税が引かれ、実際には40万4055円がゴーストライターに入ることになります。

ただし、現状では、初版で1万部刷る本はタレント本などごくわずかで、2000部～3000部というケースも少なくありません。そんな場合は、印税にすると10万円くらいにな

ってしまいます。

こうした場合や、出版社の方針によっては、ゴーストライターのギャラは固定した原稿料になることもあります。また、原稿料＋増刷したら印税、というケースもあります。

印税は本が発売になってから振り込まれるので、原稿を出版社に入稿してから大体3〜4か月後の入金になります。

支払いスパンが長いので、書籍のゴーストライターだけでは入金のない期間が長く続くリスクがあります。そこで、ライターで生活している人は、他に雑誌やサイトなどの媒体でレギュラーの仕事をもつパターンがほとんどです。


とはいえ、優秀な編集者とコンビを組んで、自分は取材と原稿書きだけに専念できるなら、年に6〜7冊出すことが可能になり、その場合はゴーストライターだけでも生活が成り立つ可能性がでてきます。

そのうち1冊でも3万部以上のベストセラーになれば、それなりの金額になるからです。

印税の良いところは、**その本が売れ続ける限り、定期的にお金が入ってくる**ということです。

私も、かれこれ3年も前に担当した本の印税が今だに入ってきています。

出版社が、その後も売れるのでは？　と判断した場合は増刷され、その翌月または数か月後に印税が支払われます。

この「増刷かかりました！」の連絡は、著者はもちろん、ゴーストライターにとっても、最高に嬉しい瞬間です。

ただ、昨今の出版不況で、出版社によっては刷り部数ではなく「実売での印税支払」という形式も増えています。この場合は、半年とか1年とかの計算期間が設定され、その期間に売れた分だけ印税が支払われるケースが多いようです。

前述したように、出版社によっては原稿料のみとか原稿料と印税を併用するケースもあるので、ライター志望者には、**出版社ときちんと契約書を交わし、印税のことも含め明白にしておくこと**をオススメします。

ゴーストライターの印税の相場は3％前後。
本が売れ続ければ印税はずっと入る。

「ゴースト本と雑誌やネットなどの案件で年収1000万円は可能」

結論から言うと、**ゴーストライターで年収1000万円稼ぐことは可能**です。

ただし、その場合、ゴースト本に加えて雑誌やネットなどのレギュラー案件をこなすことが条件となります。

具体的に条件を見ていきましょう。

✓ 年間、最低10冊以上は書く。

年収1000万円を稼ごうと考えているなら、年間、最低10冊は書くことを目指してください。

この場合、紙の通常書籍と電子書籍を上手く組み合わせることをオススメします。

私も、ここ2年くらいは、通常の書籍を年に4、5冊、電子書籍を5、6冊執筆しています。

電子書籍にはカラクリがあって、同じ著者で出す場合は、3冊出したあとに、その3冊をまとめて「○○○（著者名）のスペシャルセット」という形で、売り出すことができます。

もちろん、理屈としては紙の書籍でもできるのですが、電子書籍の場合はデータ処理だけで、制作費をかけずに作ることができるため、こうしたセットがよく作られるのです。

もちろん、その3冊スペシャル版にも著者とゴーストライターに印税が入ります（ただし、電子書籍には「刷り部数」がないので、印税は実売ベースになります）。

書かずに売れた分の印税がもらえるというわけです。

著者やゴーストライターには、1粒で2度美味しい、ということになります。


では、計算してみましょう。

✓本の定価を平均1500円と設定。印税率3％として、10冊合計で15万部以上の売上。（45円×15万＝675万円）

✓最低4社からは原稿料を30万円もらう。（30万×4＝120万円）

✓雑誌、ネットなどレギュラー案件で年間200万円は稼ぐ。

現在の出版状況から見て10冊で15万部というのは、かなり厳しい数字であることは事実です。ただ、ベストセラーになれば、1冊で5万、10万と売れることもあるので、決して不可能ではありません。

雑誌などの案件は、できるだけタイアップ企画を引き受けるようにすると、ギャラ単価が高くなります。

また、まったくのひとりで活動するより、フリーランスの編集者、カメラマン、デザイナーとチームを組んでおくと、出版社や制作会社と提携してまとまった案件（カタログ1冊、企業の広報誌1冊、企業の公式ＨＰなど）をレギュラーで引き受けることが可能になります。これは、安定した収入を得る助けになります。

年収１０００万円にこだわらないのであれば、ゴースト本とそのほかの案件で平均月収50万円なら、十分に可能です。

その場合、年間最低5冊はゴースト本を書き、印税と原稿料をもらうようにします。

具体的には、以下のような計算になります。

✓ **定価1500円×印税率3％×部数（5・5万部）＝247万5000円**
✓ **5冊分の原稿料　20万円×5＝100万円**
✓ **そのほか、雑誌、ネットなどのレギュラー案件　年間で250万円**

この計算で、平均月収は約50万円になります。
やはり、ある程度売れる本を担当しなければなりませんが、ライターとしてのスキルが上がってくれば可能性の高い条件だと思います。

支払いスパンは、刷り部数印税の場合は、本が発売されてから2か月後というケースが多いようです。
雑誌などの場合も、発売から2～3か月後が多いでしょう。まれに、原稿を入稿した2か月後に支払われることもあります。

月ごとの収入はマチマチになりますが、単に雑誌などの案件だけのライターよりは、はるかに安定した収入を得ることができます。

コラム

「媒体ごとの原稿料の相場は？」

ここで紹介するのは、あくまでも原稿料の相場です。実際には、媒体によってかなり違いがあります。

●月刊誌

一般的な記事の原稿料は、1ページ5000円～1万5000円くらい。
タイアップ記事になると、1万5000円～2万5000円前後でしょうか。
この場合のページ単価は取材費も込みの原稿料です。

●週刊誌

一般記事で1ページ5000円～1万円前後。
タイアップ記事で2万円前後が相場でしょうか。

●夕刊紙

コラムやニュース記事で1本3000円～5000円が相場です。単価は安いですが、夕刊紙は毎日発行されるので、仮に連載を持てるとなると、月に6万円～10万円になります。

また夕刊紙の連載は出版業界の人たちがよくチェックしているので、反響の良い連載には「連載を1冊にまとめて本にしませんか？」という申し出がよくあるそうです。

このように連載をまとめて、単行本化を狙うのも手です。

●ムック

健康ものやダイエット、教育、占いなどのジャンルが多いムック。ページ単価は雑誌と同じく5000円～1万円が相場です。

●企業の機関紙

企業の機関紙や、健康・美容のメーカーのPR誌は、丸ごと請けるパターンがほとんどです。全35ページだとすると、50万円前後のギャラが相場です。ひとりで書けない場合は、何人かのライターで担当することもあります。

●カタログ

カタログの原稿料の相場は幅があります。

ページ単価も原稿とデザインがワンセットで1万5000円～2万5000円が相場でしょう

か。

原稿というより、コピーを書くほうが多いです。

●ちらし

スーパーのちらしというより、ショッピングセンターで配られるセールや新商品の案内、通販カタログに同封されるコスメや健康食品の案内ちらしの作成の仕事です。

原稿料はＢ４サイズ両面で６万円～10万円が相場。

ちらし単体ではなく、メーカーのＰＲ誌やカタログ制作とセットになるケースも多いです。

●サイトのコンテンツ

サイトによってギャラに幅があります。私が担当している大手不動産のサイトのコンテンツは１テーマで５万円前後。

大手ポータルサイトのコンテンツ制作では、デザイン、撮影、原稿ワンセットで10万円～15万円。

最近多い、タイアップのニュース原稿は、当日取材に行って当日書き上げるというスピード勝負なので原稿の量は少なくても６万円前後と割高になっています。

●ブログ記事

著名人や企業の社長などのビジネスパーソンのブログ執筆の仕事です。相場はマチマチですが、１回のアップ分で文章量が少なければ２００円、多ければ１５００円前後です。

以上が主な媒体の原稿料の相場です。ギャラが安くても**リライト**[※]など手間がかからない案件や、クライアントとの付き合いや、セットで頼まれる場合は引き受けることになります。フリーランスは、実績と人脈づくりが大切なので、どの仕事を引き受けるかどうかは、ギャラの高さだけではなく、長期的なメリットの有無を検討することも重要です。

※リライト／（執筆者以外の人が）文章に手を入れて書き直すこと。

雑誌のインタビュー記事の3パターンとゴースト本の違い

雑誌のインタビュー記事を書くのも、ほとんどがゴーストライターです。雑誌のインタビュー記事は、大体次の３パターンに分類できます。

子育て中の母親へのインタビュー取材をもとに、パターンごとに書き分けた例を掲載します。

パターン1 本人の語り口調の一人称で文章が書かれているもの。

（例）わたしが子育てで大切にしていることは、子どもの良い面を見つけてほめることです。以前のわたしは、小学生の娘に「グズグズしないで早く支度しなさい」「宿題ちゃんとやったの？」「早く片付けなさい」と、文句ばかり言っていました。娘が学校で友だちと喧嘩ばかりしている、と先生から聞かされたときは、ショックでした。家でのわたしの小言が、きっと彼女にはストレスになっていたのだと気づいたのです。

パターン2

本人の語り部分はカギ括弧（「」）でくくられ、それ以外は、インタビュアーや編集部の地の文（語り文）で書かれているもの。

（例）
38歳の女性に子育てをテーマにお話を伺いました。その女性は以前、小学校2年生になる娘さんの子育てに悩んでいました。学校でも友達同士で争いが絶えないと知り、あることに気づいたと言います。「思えば、家では「早く支度しなさい」「宿題やったの？」「片付けなさい」と小言ばかり言っていました。それが娘にはきっとストレスだったんですね」。それからこの女性は、できるだけ子どもの良い点を見つけてほめるように心がけた、と話してくれました。

パターン3

インタビュアー（編集部）と対話式（Q＆A式）で書かれているもの。

（例）
――お子さんとの関わりで、これまで悩みはありましたか？
「そうですね、小学生の娘につい「早く支度をしなさい」「宿題はやったの？」「片付けなさい」と小言ばかり言ってしまって。知らないうちに、子どもにストレスを与えてしまっていた時期がありました」

――そのときの、お子さんの様子はどうでしたか？

「学校で荒れてたみたいです。あるとき先生から、友達と喧嘩ばかりしていると言われて、すごくショックでした」

――そのとき、お母さんはどうされたんですか？

「家で小言を言うのをやめました。できるだけ子どもの良い点を見つけてほめるようにしたんです」

内容は同じでも、書き方を変えると読者に伝わるイメージやポイントが違ってくることが、お分かりいただけると思います。

読者ターゲットを、母親向けにするのか、子ども向けにするのか、それとも教育関係者にするのかで、文章の書き方や構成を変えることができるのです。

ゴースト本も雑誌のインタビュー記事も、著者や取材対象者にインタビューをして原稿を書くスタンスは同じですが、ゴーストライターの原稿の書き方のスタイルは、パターン1に近いと思ってください。

雑誌の記事は、ほとんどの場合ひとつのテーマがあるので、インタビューも的を絞って聞けますが、ゴースト本ではそうはいきません。

ゴースト本では、1回2時間程度のインタビューを、5〜8回は行います。多くの場合、著者本人は原稿を書くスタンスで語るわけではないので、ゴーストライターが事前に用意した質問事項から、あっちこっち話が脱線することもあります。

それを交通整理して、本の章立てに落とし込みながら書く作業がゴースト本には必要になるのです。

ゴースト本は、著者が語った語り口調を活かしながら、読み物として加工していく作業がメインになります。

ゴースト本、制作の6つのステップ

それでは、次にゴースト本ができるまでの仕事の流れについてお話しましょう。

著者に成り代わってゴーストライターが書く本は、おおむね以下のような手順で作業が進んでいきます。

ステップ1 出版決定

①出版社より「〇〇（著者名）の本のゴーストライティングをお願いできないか」と依頼がくるケース。

②**出版プロデューサー**※と組んで著名人に出版企画を提案し、ゴーストライターを担当するケース。

③自ら出版社に「このテーマでこの著者の本を出したい」と企画提案し、著者と交渉してゴ

※出版プロデューサー／自分の執筆した書籍を出版したい著者と、良い書籍を出版したい出版社を繋ぐ職業。出版に関わるさまざまな事柄のコーディネイトに携わる。

――ーストライターと編集制作を担当するケース。

私の場合は、①から順番に「4対2対4」という割合でしょうか。

駆け出しの頃は「1対8対1」の割合で、断然、出版プロデューサー経由の依頼が多かったです。そのうち人脈が広がるにつれ、自ら定期的に出版社へ企画を売り込んで本を作ることが多くなりました。

また※**自費出版**ブームのおかげで、著名人以外の一般著者からの依頼がとても増えたのも昨今の傾向です。

ステップ2 著者との打ち合わせ

本を出したい著者（または、出版を依頼した著者）と、どんなテーマで、どんな人たちをターゲットにした本にするのか打ち合わせをします。

こちらから企画提案した場合は、提案した趣旨でいいかどうか、著者の意向を伺いながら、テーマを決めていきます。

※**自費出版**／著者が制作費を負担する本の出版方法。

ステップ3 インタビュー取材

著者に1回2時間程度、計5〜8回、インタビュー取材をします。その際、事前に決めておいた、本の※**章立てや構成**に沿って取材項目を決め、著者に取材をし、必要な資料を用意してもらいます。

ゴーストライターのほうでも、著者に関するデータ集めは必須です。著者がタレントや著名人の場合、過去の作品にはすべて目を通し、雑誌の記事も※**大宅《おおや》文庫**などで集めます。

ステップ4 テープ起こし

取材データをすべて書き起こします。ゴーストライター自らテープ起こしをすることもありますが、私の場合は、だいたい※**テープリライター**に頼みます。

ただ、取材内容によってはインタビュアー（この場合はゴーストライター）しか分からないニュアンスもあるので、テープ起こしで出た不明点は、ゴーストライターがインタビューデータを聴き直して確認します。

※章立てや構成／本の筋書きとも言える。事前に作成する手順については、第３章参照。

※大宅文庫／大宅壮一の膨大な雑誌のコレクションを基礎として作られた業界人御用達の専門図書館。

※テープリライター／取材したテープを書き起す専門の人。

ステップ5 原稿執筆

テープ起こしのデータを基に原稿を書いていきます。私がゴーストライターになり立ての頃は、書きやすいネタから書き始めて、それを各章のテーマに合わせて並べるようにしていました。しかし、このやり方だと章によって分量がマチマチになり、最後のほうでネタ切れになったり、追加でインタビューをお願いしたりして効率が悪いことに気づきました。

それからは、まず事前に作った章立てを基に、その順番にインタビューを行うようにしています。インタビュー後にはすぐテープ起こしをして、聴き漏れや追加で確認したい事項を次回の取材までに明白にするようにしました。

そうすることで、原稿を書くときも章ごとに書きすすめていけるようになり、効率が上がりました。

ステップ6 著者チェック

著者に原稿を見てもらうタイミングですが、私の場合は大体最初の1章を書いた時点で、著者と出版社の編集者にチェックをしてもらっています。

やはり文章のタッチやニュアンスには好みがあり、※**「ですます調」と「だ、である調」**のどちらがいいか、という単純なことでも、著者によってはこだわりがあります。

ゴースト本を書き始めの頃は、文章のタッチの確認をせず、すべて原稿を書き終えて著者に見せたところ「文章が若い」と言われたことがありました。著者はさる有名な音楽プロデューサーで年齢は50代。私は当時、20代でしたので、年齢差がかなりあり、「文章の表現が若い」と言われても当然だったかもしれません。

著者に指摘されるまでは、原稿を書いている私には著者の求めるニュアンスはわかりません。

この一件を教訓に、**書き始めの原稿は必ず著者にチェックしてもらい、OKをもらってから続きを書き始める**ことにしています。

このやり方にしてから、著者の求めるニーズにはきちんと応えられるようになりました。

すべての原稿を書き上げたら組版（DTP）に入稿し、ゲラ（原稿を本の体裁に組んでプリントアウトしたもの）が上がってきます。ここから初校、再校、再再校と、著者と編集者、ゴーストライター3者で原稿に赤入れ修正をしていきます（出版社によっては、「ワード」などで書かれた原稿時点で関係者でチェックを行い、できる限りの修正を行うこともあります）。

※「ですます調」と「だ、である調」
／「ですます調」口語体の軽い断定⇔「だ、である調」文語体の堅い断定

本ができるまで（企画から校了まで）の基本的な流れ

出版社の編集者（又はゴーストライター）が企画を立て、著者に出版を提案
（著者が書かない場合はゴーストライターが原稿を執筆）

⬇

著者（又はゴーストライター）が原稿を完成後、編集者が本文レイアウト、
写真、イラストを発注、本の装丁などを決める

⬇

デザイナーへデザイン入稿→デザイン戻し→組版入稿

⬇

初校ゲラ上がり

⬇

編集者、著者、校正者が赤字入れしたものを編集者が確認しながら、
ひとつにまとめて修正指示（初校戻し）

⬇

再校ゲラ上がり

⬇

再校ゲラと赤字初稿をもう一度すり合わせし、
すべての修正が反映されているかを確認

⬇

すべての作業に問題がなければ「責了」→「校了」


デザイン入稿／デザイナーに（デザイン要素を伝える）入稿
初校（しょこう）／1回目のゲラ（本文の校正刷り）のこと。または、1回目の色校正のこと。

初校戻し（しょこうもどし）／赤字を入れたものを現場に戻すこと。

再校（さいこう）または、**二校（にこう）**／初校戻しをした後、現場が赤字通りに修正した後に出してくる2回目のゲラ。

責了（せきりょう）／現場の責任で校了してOK、という意味。

校了（こうりょう）／「校正修了」のこと。修正はもうクリアになったので、次の段階（印刷なら下版）に進んでOK、という意味。

●デザイナーへレイアウトなど発注

ここからの作業は、本来はゴーストライターの仕事ではありません。私は原稿と編集とセットで請け負うことがほとんどなので、私の編集チームの編集スタッフやデザイナーと組んで、本文レイアウトやカバーデザインを発注する作業も行います。

●タイトル決定

タイトルは重要です。最終的には出版社が決定をしますが、私の場合は毎回、最低でも50案くらいはタイトル案を出していました。過去には、私たちの編集チームで考えたタイトル案を著者がいたく気に入ってくれて、一発でタイトルが決定したこともあります。

●サイン会など告知フォロー

私は自分で企画提案した書籍に関しては、基本、告知や販促までやります。著者がタレントの場合は、出版社が書店でのサイン会をセッティングすることが多いので、現地での手伝いや知り合いの新聞記者に取材のお願いをしたりします。

やはり新聞や週刊誌のニュース記事に載ったり、テレビで宣伝する機会があると売り上げが大きく跳ね上がります。

タレント本のときは、よく「笑っていいとも」にタレントさん本人が出演して本の告知をしてもらいました。すると、それを見た人経由などで書店さんから出版社へ問い合わせの連絡が相次ぎ、増刷が決まったこともあります。

以上、ゴーストライターの仕事以外のことにも触れましたが、取材して原稿を書いて終わるよりも、その後の宣伝までトコトンやることで、著者や出版社との信頼関係はより一層強まります。

ゴーストライターとしては、著者や出版社が満足のいく原稿を書き上げることが第一ですが、それ以上に**「売れる努力を惜しまない」**ことも大事かと思います。

初めに著者の求めるニュアンスを
きちんと把握せよ。ゴーストライターとして
売れる努力を惜しまないこと。

「ゴーストライターと役者のあり方は、じつは似ている!」

ゴーストライターとして何冊か書くようになってから、私はあることに気づきました。**ゴーストライターと役者には、共通点がある!** ということです。

役者は台本のもと、演技をしますが、演じる役柄は必ずしも自分の性格や価値観、育ってきた環境と同じではありません。

あるドラマでは医者、あるドラマでは銀行員、教師を演じることもあれば魔性の女、さらには殺人鬼を演じることもあります。

全く知識のない職業の役柄を演じるときは、実際にその職業の方々に話を聞くこともあるそうです。

地方に住む人の役を演じるときは、方言を学び、必要とあれば体重を増やしたり減らしたり……。

さすがにゴーストライターはここまでやりませんが、役者との共通点は、自分が経験のない職業や生活環境、自分とは全く性格が違う人物でも、取材(セリフ)の中でその人物を理解し、自分との共通点を見つけ出し、文章を書く（演じる）ことで表現することです。

ある女優さんが取材のときにこんな話をしてくれました。

「演じる役が魅力的で、共感を得られると、演じている間は普段もその役柄のキャラクターに影響されてしまうんです。あるドラマで正義感が強くてテンションの高い女性の役を演じたときは、家に戻ってもハイテンションのまま（笑）。撮影がない日は友人や共演仲間と飲みに行ったりしてワイワイやってました。いつもの私なら絶対、こんな振る舞いはしないんだけど」

この女優さんが話してくれたことは、役者がよく言う「役柄に引っ張られる」という状態です。でも、そのくらい役にのめり込めるほうがいい演技ができるとも聞きます。

ゴーストライターの場合も、**著者にそのくらい心酔する気持ちで原稿を書くほうが、違和感なく著者になりきれる**と思います。

その著者のことを心から尊敬し、人として好意を抱くと、原稿を書いている約1か月間は、一日中、その著者のことを考えている自分に気づくことがあります。

「こういうとき、著者だったらどう思うだろう、どういう行動をするだろう」と、日常のいろんなシーンで想像することもあります。

そういったある種の「のめり込み」が、取材で得られた情報に「プラスα」となって原稿に反映できるのです。

私の仕事の師匠でもある、元・出版社の社長は、**「書き手として感情が動かされなければ、良い原稿は書けない」**といつも力説していました。

言い換えれば「感情は文章に表れる」ということです。著者が味わった「喜怒哀楽」を取材によって自分の中で追体験して、文章を書きながら著者になりきるという姿勢が、ゴーストライターには必要なのです。

著者が味わった「喜怒哀楽」を追体験し、役柄を演じるように書こう。

「著者目線と読者目線のかけはしがゴーストライターの仕事」

すでに何度もお話したように、著者に成り代わって原稿を書くのがゴーストライターです。取材を通じて著者が何を伝えたいのかトコトン探り、表現していくのがお仕事です。

ただ、ゴースト本を書き始めの頃は、この「著者になりきる」ことに重点を置きすぎて、書き手がまるっきり著者と同じ目線になってしまうことがあります。

著者にとっては問題ありませんが、**著者が言いたいこと（書きたいこと）が、必ずしも「売れる本」とイコールではない**、ということをゴーストライターは頭に入れておかねばなりません。

私が担当した本でも、こんなことがありました。

著者は、ある代議士の奥さんでした。著者自身は、新婚時代の楽しい思い出や自分の女学生時代のことを話したい（書きたい）とのことでしたが、読者が求めているのは「代議士の妻の内助の功は具体的にどういうことか」ということです。

著者に成り代わって原稿を書くのがゴーストライターの仕事ですから、著者の心情を深く理解しつつも、売れる本を作るためには「読者が知りたいこと」を著者に語ってもらい、それを文章にする役割があります。

でも、**「著者が語りたいこと」と、「読者が知りたいこと（売れる要素）」は必ずしも一致しません。**はじめの打ち合わせで本のテーマを決めても、事前に質問事項を渡しても、著者は自分が話したいことをインタビューで語ります。

こんなときはどうしたらいいでしょう？

私の場合は、全てのインタビューのうち、初回は著者の人柄や人生観、価値観を探るためにも、本人が話したいことを語ってもらうようにしています。

取材慣れしている著者なら、テーマに合わせた話を最初からしてくれますが、はじめて本を出す著者は「自分にとって思い入れの強い事柄」が「書くべきこと」と思っているケースが大半です。

それが売れる内容と一致する場合はいいのですが、そうではない場合は、まずは著者に話したいことを語ってもらい、その中から本のテーマに合ったものを抜粋するか、それでも著者が自分の話したいことにこだわる場合は、1章だけその内容を入れるか、または話したい内容を各章の中にうまく散りばめるという方法で構成していきます。

ここの「著者目線」と「読者目線」のかけはしをつなぐのは、ゴーストライターしかいません。

著者に語ってもらいたいことを語らせながら、上手に売れる本の要素を引き出して書くのがゴーストライターの腕の見せどころなのです。

著者に語りたいことを語らせながら
売れる要素を引き出すこと。

「いろんな職業の裏側を覗けるのが、ゴーストライターの醍醐味」

「ゴーストライターになって一番良かったことは何ですか?」

と聞かれたら、

「いろんな職業の裏側や人生の奥深さを間近に知ることができること」

と答えます。

こう言うと、その著者の本を読めばいいのでは? と思う人もいるかもしれません。しかし、著者はその世界での成功者や一流と呼ばれる人たちがほとんどなので、そういった人たちを間近にして、直接話を聞けて、何度か会うことで信頼関係も築け、本が売れれば感謝もしてもらえる。

つまり、貴重な体験のできる、ある意味、幸せな仕事だと思っています。

月並みないい方ですが、やはり著者になる**タレントやスポーツ選手、企業の社長や、医者、音楽プロデューサー、映画監督、演出家、政治家たちは、会ったときのオーラが違います。**

自分の仕事や自分自身にブレない自信をもっている人は、全身から発する「気」が違います。その上、自分に余裕があるので、相手を思いやる気持ちがあり、礼儀正しく腰が低い人が多かったように思います。

こういった魅力にあふれる成功者たちと一緒に仕事ができるのは、自分自身とても刺激になります。

取材のときに、**純粋に自分が知りたい「成功の哲学」をたっぷり本人から聞くことができるのも、ゴーストライターの役得**です。

そして、どの著者にも共通していることとは、成功者は自分が成功するまで決してあきらめない、ということです。

どんな逆境や裏目や失敗や反感やひんしゅくを買っても、あきらめない。

苦労なしに成功した人などひとりもいないという事実も、毎回、ゴースト本を作る際に目の当たりにしてきました。

また、こんな良いこともあります。

私自身が何かに思い悩んでいるとき、著者へのインタビューで何度もその「答え」に値する言葉に出会っています。

「今、この言葉は私のために発せられた言葉だ」

と思ったことは幾度もありました。

冷静に考えてみれば、無意識に自分の悩みを反映した質問をしてしまったに過ぎないのかもしれませんが。

著者に出会うたび、新しくメンター（よき指導者）が増えていく。こんな貴重な体験は、ゴーストライターならではのこと。

1～2度の取材ではなかなか触れることのできない、その著者の深い部分や人生の裏側を覗けるのは、ゴーストライターならではの特権と言えます。

「商業出版と自費出版のゴーストライターの違い」

ここ数年、本当に自費出版で本を出す人が増えました。それは自費出版メインの出版社以外の大手、中堅出版社もこぞって自費出版部門を立ち上げたからです。

よく目にする「あなたの原稿を本にしませんか？」という宣伝フレーズは、まさに自費出版のことです。

それに対して、商業出版は基本的には出版社が全面的に制作費を出し、著者には印税を支払うというスタンスで出版されます。

著者からの売り込みもありますが、大体は出版社のほうから、

「この企画で本を出しませんか？」

と依頼をするのが商業出版です。

なお、出版社によっては、著者と出版社で制作費を折半するケースもあります。

では、商業出版と自費出版でゴーストライターの役割に違いはあるのでしょうか？

基本的には何度かインタビュー取材をしてからテープ起こしをし、そこから原稿を書いていく作業の流れは変わりません。

自費出版はどんなケースが多いかと言うと、

①企業の社長などが自社の社員向けの研修用に使うために出版する。
②会社から独立するときに、新しく立ち上げる会社や経営者としての自分を世間にアピールするために出版する。
③自分の趣味や自分の半生を本にしたいので出版する。
④本当は商業出版で出したかったが、企画が通らなかったため自費出版で出す。

いずれにしても、**自費出版の主導権はやはり著者にあります**。出版社にとって、この場合の著者は大切なお客様です。

ゴーストライターは、自費出版の場合も、著者が目指す本に沿った原稿を書くように努めますが、ほとんどの著者ははじめて本を出版する方なので、取材のときも「どんなことを話せばいいのか？」という段階から打ち合わせで決めておく必要が出てきます。

中には「そちらで質問してくれれば何でも話します」と、内容を全面的に編集者やゴーストライターに任せる著者もいます。

前記の４つのケースのうち、まず、①は読ませたいターゲットが絞られていますから、ゴーストライターも比較的書きやすいパターンです。

②のケースは「どの世代のどんな人たちに読んでもらいたいのか」とターゲットを明確にすることが大事になります。漠然と取材をしてしまうと、話題があちこちに行き過ぎて、あとから原稿をまとめるのが大変になるからです。

③のケースは、趣味の写真、作品を1冊にまとめる場合はわかりやすいのですが、半生を1冊にまとめる場合は、制作をスタートさせるときに、予算とページ数の折り合いをつけつつ、半生のどの部分をメインにするのか、著者と入念な打ち合わせが必要です。

また④のケースは、作り方次第では大化け（大ヒット）する場合もあります。最近の傾向として、どこの出版社でも過去に売れたテーマや、ベストセラー作家の本は企画が通りやすいのですが、無名の著者や、過去に例のないテーマの場合は、企画を通すのに慎重になっています。

いろんな出版社に企画を持ち込んだものの、なかなか商業出版では実現せず、処女作は自費出版というケースも少なくありません。

そんなときには、**ゴーストライターとしても、売れるアイデアを積極的に出す必要があります。**これでヒットすれば、2作目もオファーがある可能性が高くなるからです。

以上が自費出版の主なケース別の対応方法になりますが、全体的にひとつ注意点があります。それは、著者自身が本の発売時期を決めることが多いため（会社を独立するタイミングに合わせたいなど）、制作がスタートしてから原稿を書き、本の出版までのスパンが長くなりがち、という点です。

私の経験でも、自費出版の場合は制作期間が長くなることが多く、著者の意向が変わって出版時期が延び延びになるケースもいくつかありました。

「本の内容をもう一度、見直したい」「新しい内容を加えたい」「やはり出版時期をもう少し先にしたい」いろんな理由で延ばされることがありました。

本が発売されなければ、ゴーストライターにも原稿料は入りません。ただ、制作費を出しているのは著者なので出版社も著者の意向には沿わなければなりません。

一方、商業出版の場合は、出版社の依頼でも、著書からの売り込みでも「この企画（著者）ならある程度は売れる」という目算があります。

本の企画やテーマもきちんとしており、目指すターゲットも発売時期もきちんと決まっています。

ゴーストライターとしても、自分がどのように取材をして、どこをメインに原稿を書き進めて行けばよいのか明白なので、自費出版よりかなり書きやすいと言えます。

このように、本のジャンル以外でもゴーストライターとしての役割や、原稿を書くまでの準備に違いが出ますから、自費出版と商業出版とでは心構えが異なることを覚えておいてください。

**著者主導の自費出版こそ
ゴーストライターの舵取りが大切。**

コラム

「ゴーストライターかどうかを見分ける方法」

ゴーストライターが書いたかどうかを見分けるのは、比較的簡単です。本の目次の後のクレジットや巻末の奥付のページの下の方に「編集協力／やすだ　あんな」「special thanks ／やすだあんな」というように名前が載っていれば、ほとんどの場合、その人がゴーストライターです。

また、本の「はじめに」や「おわりに」などに、「△△さんには原稿執筆にあたって、ひとかたならぬお世話になった」というような一文がある場合も、ゴーストライターを指していることがあります（編集者を指していることもありますが）。

本によっては、最初から「この本は聞き書きです」と明示して原稿執筆者と著者の名前を共著とするケースもあります。

このように、誰が実際に書いたかが分かるケースは多いのですが、著者が直接書いているかいないか、ということより、著者がその本が通じて伝えたい思いがうまく表現されているかどうかを評価してほしいと思います。

Chapter 2

オバケの裏側、お見せします

プロローグでお話したように、私はこれまでゴーストライターとして累計２５０万部、約90冊の本を執筆してきました。この章では、そんな私のゴーストライター人生の中から、実際に経験した興味深い話や貴重な思い出をいくつかご紹介します。

「俺の部屋、覗いてた？」思わず叫んだプロ野球選手

私のゴースト本のデビュー作は、今から約25年前、セ・リーグに所属する在京チームのプロ野球選手の著書でした。

清原和博選手とほぼ同期のその選手は、当時アイドル並みの人気でいつ球場へ取材に行っても追っかけファンがワンサカいました。

出待ちをしているファンの群れを掻き分けて、球場の控え室に入るときは、ちょっとした優越感をもったものです。

Chapter 2

オバケの裏側、
お見せします

取材時間はいつも球場での練習が終わった後、毎回2時間ほどもらっていました。チームではやんちゃ坊主で通っていたその選手は、
「俺の本なんか売れないよ」
「こんな話で大丈夫なの？」
と言いながら、合計7回のインタビューすべてにきちんと答えてくれました。

取材をする前は、「インタビューの途中で飽きて帰っちゃうかもしれないな」と心配していたのですが、素顔は意外に真面目なのかも、と思ったものです。

取材現場はいつも笑いにあふれ、本人からは前向きなエネルギーが溢れていました。

取材内容は、同じチームメイトやライバル選手との球場内外でのエピソードや監督との裏話、オフシーズンでの芸能界との交流話など。どれもスポーツ新聞では書かれていない内容満載でした。

私は何とか、この選手の底抜けの明るさと野球に対する負けん気を読者に届ける本にしたいと考えました。

関西人の著者らしさが一番出る表現は、やはり関西弁だろうと思い、本人の語り口調で原稿

を書くことにしました。

関西弁独特の言いまわしやイントネーションをつかむために、取材テープを何度も聞きました。

執筆の最中はパソコンの前にこの選手の雑誌の切り抜きを何枚も張り、本人のイメージで文章が頭に思い浮かぶようにもしました。

書き始めこそリズムをつかむのに苦労しましたが、次第にどんどん本人の口調で文章が思い浮かぶようになりました。

テープ起こしのネタを読むだけで、頭の中で本人が実際にどう行動したのかありありと思い浮かぶようになったのです。

実際に、こんなことがありました。

取材では、本人が足を怪我したため自宅のベッドから起き上がったり、トイレに行ったりするのが大変だった、と聞いただけのエピソードだったのが、私の頭の中であまりにありありと情景が浮かんできたので、それをそのまま原稿に書いてしまったのです。

すると本人から、

「こんなことまで話したっけ？　それとも俺の部屋、覗いてたやろ？」

と、冗談交じりに、でも半分、驚いて言われたものです。

でも、ゴーストライターとして著者になりきって書いているときは、よくこういうことが起こってしまいます。

本人の肉声を届けるように書いたゴースト本デビュー作は、おかげさまで16刷りして10万部突破となりました。

その4年後にはパート2も出版され、こちらは4万部売れました。多くのプロ野球ファンの方々に読んでもらい、本当に嬉しかった思い出です。

今、思えば、このデビュー作のヒットが、私をゴーストライター人生に進ませたのだと思っています。

本当に本人になりきって書くと、ありありと情景が目の前に広がる。

「ある大物芸人の闘病記で、つらいつらいイタコ状態!?」

デビュー作があまりにも順調だったせいか、私はどこかゴースト本は意外に簡単、とタカをくくっていたところがありました。

インタビューをしっかりして、著者の気持ちにトコトンなりきることで、どんな著者の本も書けるはずだ、と思っていたのです。

そんな時にオファーがきたのが、あるコメディアンで浪曲師でもあった大物芸人のゴースト本でした。

当時の私はまだ20代半ば。その芸人さんは60代だったので、まさにおじいちゃんと孫娘ほどの年齢差がありました。

子供の頃からテレビで見ていた芸人さんだったので、不安と緊張でいっぱいでした。

インタビューは、その芸人さんの自宅で行われました。昔、その芸人さんが出演された番組のビデオを見せていただき、思い出のエピソードや、今だから話せる裏話をたくさんお聞きし、最初から2回目くらいは楽しい取材が続きました。

それが3回目の取材の時に、

「じつはね、今回の本は自分の闘病記を書きたいんだよ」

と、おっしゃったのです。

その芸人さんは、半年前に心臓病を患ってからずっとリハビリ生活を送っていました。病院生活はかなり大変だったらしく、ずっと看病されていた奥様も苦労されたようでした。ご本人は、そのことを1冊の本にして、自分と同じようにつらい闘病生活を送っている人たちにエールを送りたい、という強い希望があったのです。

闘病中の大変だったエピソードをご本人からたくさんお聞きしていると、聞いている私までつらくて、涙ながらに話すその芸人さんの話に、何度ももらい泣きしたものです。もともと私は感情移入が激しいほうなので、今回もまた、どっぷり著者の心情につかってしまいました。

いざ原稿を書くときも、自分の身体も重くてしんどくて、「これ以上、書けない」と何度もペンを置いたほどです。

当時はパソコンではなく、原稿用紙に鉛筆の手書きで原稿を書いていました。1冊書くためには400字詰め原稿用紙で400枚は書かねばならず、書いても書いても終わらない状況でした。

当時の私は**「著者になりきることが、ゴーストライターの使命」**くらいに思っていたので、その芸人さんのつらさや苦しさを、リアルに書き綴っていきました。

原稿を何とかすべて書き終えた私は、まるで病人のようでした。目はおちくぼみ、頬はこけ、足元はフラフラ。さすがに親も心配して、

「身体を壊すまで、あなたがやらなきゃいけない仕事なの?」

と、言う始末。

原稿を読んだ編集長から、さっそく電話がかかってきて、開口一番、

「読んでいて、こっちまで具合が悪くなったよ。闘病記は、あまりにリアルに書きすぎちゃダメだ。現在進行形で書くのではなく、あくまで**過去の出来事として書かないと、読んでいるほうはしんどいだけだよ**」と言われました。

言われて再度読み返してびっくりしたのですが、原稿には「つらい、痛い、しんどい、大変、苦しい、悲しい」のオンパレード！

これでは、誰が読んでもしんどいはずです。やはり「言霊」はあると痛感しました。

マイナスの言葉を並べると、その「言霊」が大きく渦巻いて文章自体が暗く陰鬱になってしまいます。

著者になりきってこそゴーストライター、と思っていましたが、やはり読み物として救いのある内容でなければ、と思い知った一件でした。

そのあと、原稿はほとんど書き直すことにしました。著者の思いは汲み取りつつも、**文章は著者と距離をもって書くほうが良い場合もある**と学んだのです。

「恋愛ネタがアダに!? 大物スター本、お蔵入り事件」

これはかれこれ20年くらい前の話なので、時効だと思うので書くことにします。
じつは私には、本になったものの著者の意向で出版されなかった幻の１冊があります。

著者はある大物歌手でした。１９７０年代のアイドル全盛期の時代、派手な振りと絶叫して歌う様は、小学生時代の私にもキラキラした憧れのスターそのものでした。子供の頃からのファンだったので、取材現場ではファン丸出しでインタビューしていました。著者は大スターであるのに、とっても気さくないい方でした。取材以外でもコンサートに招待していただき、楽屋にも顔を出させていただきました。
それくらい現場は和気あいあいとしていました。

取材内容も多岐にわたり、デビュー当時の話から少年時代の話、プライベートな話題などファンにとってはたまらない内容でした。

さらにこの本の目玉は、その著者とある大物女優との熱愛エピソードを初めて語る、というものでした。

すでに過去の恋愛模様なので、取材のときは赤裸々にエピソードを語っていただきました。

もちろん原稿はオブラートに包んで書くということで著者自身にも掲載のOKをもらっていたのです。


原稿はとてもスムーズに書き上げられました。

自分がファン、ということもあり、読者のファンにとっても魅力満載の1冊になったと自負していました。


ところが、そのゲラを読んだ著者が、突然、恋愛エピソードの箇所に難色を示し始めたのです。

「悪いけれど、この部分をカットしてくれないか」

と、相手が特定される箇所はすべてカットされてしまいました。


出版社側は、女優との恋愛エピソードが売れる要素ということで、かなり本人を説得しましたが、最後まで首を縦に振ることはありませんでした。

それ以外は大きな修正はなかったものの、事務所の意向もあり発売時期が延び、年も明けた頃、編集長からの電話で、出版中止になったと知りました。

あのときの衝撃は今でも忘れません。

このケースに限らず、他の著書でも起きることは、**自分が話した内容がいざ活字になると、著者自身が「ここまで書いていいのだろうか」と迷い出すことです。**

これまでも多くの著者が、活字になったゲラを見て、
「自分のような若造が、こんなに偉そうなことを書いていいのだろうか」
「自分のこんなエピソードをおもしろがって読んでくれる読者はいるのだろうか」
と不安になるようなのです。

そのたびに、
「あまり遠まわしな表現が続くよりも、このくらいズバリと書いたほうが読者の心に響くので大丈夫です」

と、説得することもあります。
このあたりは**著者本人と、第三者であるゴーストライターとの感覚の差が出るところかもしれません。**

あの大物スターの本が世に出ていたら、どんな反響があったのか、今では想像するしかありませんが、悪意をもたれなかったということだけは断言できます。
それくらいゴーストライターとしては愛情を注いで書いた作品でした。

今でも、その大物スターにインタビュー取材をした青山の喫茶店へ行くと、胸がチクリと痛みます。
よく著者にとって自分の本は、我が子のようなもの、と言いますが、ゴーストライターとて生みの苦しみを味わった分、同じ思いです。

本棚の隅で眠っている、世に出なかった本は今では私だけの宝物となりました。

ある女性タレントから言われた感謝の言葉

その著者は、かつてグループで活躍後、ソロ活動している女性タレントでした。テレビのバラエティ番組での彼女は、とても赤裸々で、本音で勝負している姿にとても好感を抱きました。

周囲にリサーチをすると、その女性タレントの「飾らない人柄」「自分に正直に生きている姿」「年齢を重ねても女性らしさを失わない努力」「おもしろキャラにもなれるプロ根性」が、同世代の女性たちから支持を受けていることを知りました。

企画から立ち上げ、出版社に提案し、すぐGOサインが出ました。女性タレントの所属事務所とは昔からつながりがあったので、出版の話はトントン拍子に決まりました。

初めての顔合わせは、あるバラエティ番組の収録スタジオでした。

現場で会ったその女性タレントは、テレビのハイテンションとは違い、とても品が良く頭の

回転が抜群にいい女性でした。彼女は、

「過去の自分は、どこか作っていたキャラだったこともあり、同性から反感をもたれていました。でも、それが自分には辛かった。今は自分の素で勝負できているので、嬉しい。仕事にもやりがいを感じています」

と語ってくれました。

私も編集スタッフも、すっかり彼女のファンになり、さらに彼女の新たな魅力が伝わる本にしようと決意を新たにしたのです。

インタビューでは、過去の恋愛話もたっぷり語ってくれました。本には書けないことも本音で語ってくれました。

そうかと思えば、バラエティ番組のネタにも使えそうな、笑えるズッコケ話もたくさん話してくれました。

自分が視聴者からどう見られ、番組スタッフから何を求められているのか、瞬時に察知して自分を見せることができるのが、彼女の凄さです。

聞くと彼女は高校までは進学校に通い、成績も良かったそうです。両親も兄弟も優秀だ、と聞いて納得しました。

彼女のクレバーさは、芸能界の荒波で培ったものだけでなく、持って生まれたものだと知りました。

取材はホテルのラウンジや、プロダクションの控え室で計7回ほど行いました。

原稿を書くときは、彼女の語ったエピソードに彼女の心情を絡めて書くように心がけました。バラエティ番組での彼女しか知らない読者に、とくに彼女の心の奥の叫びもきちんと伝えたいと思ったからです。

書き上げた原稿は、何度も修正を重ねてブラッシュアップしていきました。

ある意味、ゴースト本は、この**著者校正を重ねるごとに、オーダーメイドの服を手直しするような感覚で、著者にとっても本の内容や文章がしっくりフィットしていくのだと思います。**

最後に「※**責了**」のサインをもらうときに、

「私が本当に伝えたいことを理解して、本に書いてくれてありがとう」

と言ってもらえたときは、私もスタッフも心から嬉しかった瞬間でした。

本の発売日には、都内の書店でサイン会を行い、たくさんのファンが駆けつけてくれました。

マスコミもたくさん取材に来てくれ、取材記者やカメラマンに囲まれてキラキラ輝いている

※**責了**／p53 参照。

その女性タレントの姿は、今でも脳裏に焼き付いています。

あれから7年以上の月日が流れました。彼女は今では幸せな結婚をされ、女性としてさらにキラキラ輝いています。

本を出すということは、過去をいい意味で浄化し、未来への道しるべを見つける行為だと思います。その一端を担うゴーストライターの仕事を、この本ほど幸せに感じたことはありません。

**校正を重ねて磨きあげた文章は
著者にとって最高の宝物になる。**

自宅取材で垣間見たママタレントとお子さんとの関係

今から2年ほど前、女性芸人の本を担当したことがあります。

ママタレントとしても人気のあった彼女のブログには、たくさんのフォロワーがいました。とくに生まれたばかりのお子さんとのエピソードには、毎回、ものすごい数のブログ・コメントが寄せられていました。

メインは彼女のブログをまとめつつ、同じように子育てをするママたちを読者に想定した情報満載の本にしよう、ということで企画提案しました。

彼女のブログ記事をすべて読み、妊娠判明から出産、1歳までのエピソードが綴られた心温まる1冊になりました。

取材は、彼女の所属するプロダクションの会議室で行うことが多かったのですが、お子さんがまだ小さかったこともあり、ご自宅のマンションに伺って取材することもありました。

プロ意識が強く、自分に厳しい彼女は、毎回、こちらの要望に合わせた資料を用意しつつ、自ら積極的に本のアイデアを出してくれました。

どうしたら読者の方々が喜んでくれるか、少しでもタメになる内容になるのか……。

そのことを真剣に、真面目に考えてくれて、私自身も本作りの初心に返った新鮮な気持ちで、取材をし、原稿を書くことができました。

そんなプロ意識の塊のような彼女の、母親としての一面を垣間見たのが、ご自宅での取材でのこと。

家庭的で倹約家の彼女の家には、たくさんのエコグッズがあったのには驚きました。

たまに「良いお母さん」というアピールのために、節約グッズの話をブログに書くタレントさんはいますが、彼女はペットボトルで作ったおもちゃや、袋で作ったボール入れなど、アイデア満載の育児グッズを自分で作って、家でも使っていたのです。

また、お子さんとのコミュニケーションをとにかく大事にして、まだ1歳になる前の息子さんに話しかける眼差しや、いたずらをしたときに叱る姿など、

「普段もやさしくてあったかくて、ときには厳しい、いいお母さんなんだな」

と、心から実感しました。

取材する側にとって、面と向かったとき以外に見せる著者の素顔は、何よりも貴重です。その部分を本の中に盛り込むことで、本に深みが出るからです。

去年、2人目が生まれて、ますますブログでの子育てエピソードが愉快で「あるあるネタ」が増えました。

機会があれば、ぜひ続編を提案したいと思っています！

「著者が増えるたびに人生のメンターも増えた！」

ゴーストライターになって本当に良かったことのひとつは、期間限定ではあるものの、本を制作している間は、ゴーストライター自身も**著者からたくさんの人生のヒントをもらえること**です。

自分とは全く違う世界で、成功者として輝いている人、カリスマとして数多くの経験と実績を重ねている人、あふれる才能で多くのファンを魅了している人、長年、ひとつのことを極め抜いて頂点に立っている人。

もちろん、なかには挫折や劣等感を武器にして多くの人を救っている人もいます。

そんな著者たちと、取材を通して長い時間一緒にいると、身の上相談のような話になることがよくあります。

「私も似たような経験があって、こんなときにはどうしたらいいですかね？」

というような話になることは、しょっちゅうです。


カリスマAV男優として一世を風靡し、その後タレントや実業家としても活躍されている加藤鷹さんは、私やコンビを組んでいる女性編集者のメンター的存在です。加藤鷹さんは、著書もたくさん出していて、私は何冊もシリーズ作をご一緒させていただきました。

人を見抜く目をもつ加藤鷹さんは、数分話せばその人の本質や過去を見抜いてしまう能力があります。


「今、こういうことで悩んでいるでしょ？」

「過去にこういうことがあったね」

など、ズバズバ言い当ててしまうので、加藤鷹さんに取材で会うと、男女問わずみんな、最後は身の上相談をしてしまいます。


私は、仕事であっても、**巡り合った人との縁には必ず意味がある**と思っています。

ゴーストライターとして、その著者の伝えたいこと、魅力をあますことなく伝える使命以外にも、著者を通じて学ぶべきことがあるから出会ったのだとも思っています。

私自身も、ゴースト本を担当することで、原稿を書く以上の宝物をたくさんもらいました。

書くジャンルは違っても、ここで得た財産はほかの仕事やプライベートにも必ず役立ってきます。

何よりも1冊書き上げたときの満足感や、本が売れて重版がかかったときの喜び、サイン会で多くの方々に集まってもらったときの感謝の気持ち、そんな中、人知れず著者とがっちり握手をしたり、抱き合って喜んだりするときの嬉しさは、代え難い幸せです。

私は、いまこう思っています。

こんなすばらしい体験を少しでも多くの人に味わってもらいたい。そして、共に成長していける同志として同じ業界で頑張っていけるゴーストライターが増えていってくれたら……。これ以上の幸せはありません。

ゴーストライターしか見えない景色、
味わえない感情は代え難い幸せ。

コラム

「ゴーストライターに向いている人、いない人」

向いている

●精神的に両性の面をもっている人

普通は、女性の著者には女性のゴーストライターが、男性の著者には男性のゴーストライターがいいのでは？　と思ってしまいますが、私はそうは思いません。

じつは私は、**これまで担当してきたゴースト本は圧倒的に男性の著者が多い**のです。

女性のゴーストライターが男性の著者を担当するときは、最初からあまり男性を意識しすぎるのは良くありません。

あくまで著者の人間性をよく理解しつつ、話の内容やテーマによっては、

「男性心理というのは、こういうことなのだ」

と、ありのままを理解するようにします。

逆の場合でも、同じです。男性のゴーストライターが女性の著者を担当するときは、**「女性とはこうあるべき」や「こうあって欲しい」という思い込みは厳禁**です。

私の周りでも、ライターやゴーストライターになるような人は、感性が両性のタイプが多いように思います。

相手の著者に合わせて自在に性別をスイッチングできれば、著者が男性でも女性でも自在に書き分けることができるでしょう。

✖向いていない

●他人に対して極端に批判的な人

雑誌など1回だけのインタビューと違い、ゴースト本はがっつり著者と向き合って何回もインタビューを重ねます。

著者の素晴らしい才能や魅力にたくさん触れられると同時に、時には意外な一面や欠点、弱点を見つけてしまうこともあります。

それは別に悪いことではなく、テレビやそれまでの著書では見えなかった、著者本来の姿を見られたのですから、ゴーストライターとしてはすべてプラスなのです。

いい面も悪い面も両面あってこそ人間。まるごと受け止め理解するという度量がゴーストライターには必要です。

それを、

「どうしてあんなことするんだろう、もっとこうすればいいのに」

「自分ならあんなことはしない。だから失敗したんだ」

などと、批判的に著者を見てしまうと、違和感しか生まれません。

ゴーストライターという立ち位置で仕事をするには、相手をまるごと承認することが大切です。

いちいち「自分というものさし」で判断したり、批判したりする必要はありません。

もちろん、批判精神があること自体は悪いことではありません。また、ルポライターやジャーナリストなどの場合は、取材相手と一定の距離をとることも必要になります。ただ、ゴーストライターの仕事では、取材相手に対して批判的な立場にたってしまうと、いい原稿が書けないことが多いので、そのことは覚えておいて欲しいと思います。

Chapter 3

聞く力

―インタビュー上手になるプロの秘策

著者とゴーストライターとの信頼関係でインタビューの成功は決まる

この章では、ゴーストライターに欠かせない技術であるインタビューを成功させるノウハウについてお話することにします。

まず、はじめに言えるのは、**仕事を一緒にする相手との信頼関係がとても大切**ということです。

もちろん、信頼関係の大切さは著者とゴーストライターの間に限ったことではありません。しかし、ゴーストライターは、ほぼ初対面のときから、その著者のかなり奥深い部分まで踏み込んでいかなければなりませんから、最初から十分な信頼関係を築かなければならないのです。

著者に、

「この人、なんだか信用ならないな」

と思われてしまったら、なかなか本音を語ってもらえませんし、まして言葉の奥の**著者自身も気付いていない深層心理にまでは絶対に到達できません。**

私はここ数年、カウンセラーの勉強をして資格を取りました。学んでみて気づいたのが、著者とゴーストライターの関係と、カウンセラーと相談者（クライアント）の関係は、とても似ているということです。

最初のうちに信頼関係を築いていないと、著者の本質にたどり着くまで時間がかかってしまうのです。

本物のプロのカウンセラーは、初回のカウンセリングでがっちり相談者の心をつかみます。

なぜなら、

「この人なら、安心して自分のことをさらけ出せる」

と、相談者に絶対的な信頼を寄せてもらう必要があるからです。

想像してみてください。もしあなたが著者だとして、**会ってすぐの相手に自分の過去の痛手や、人生で大切にしていること、コンプレックスについて話せますか？**

とにかく、**著者に信頼してもらうことがゴーストライターの第1歩です。**

自分は相手に信頼してもらえる存在になっているか？　このことをいつも頭に入れておきましょう。

信頼を得るためには、外見の身だしなみや清潔感、声のトーンや話し方、どのように相手の話を受け止めるかのリアクションなど、さまざまな部分に注意を払うべきだと思います。

著者に信頼してもらうと、インタビューもどんどん深い話になります。

「このことは本には書かないで欲しいんだけど」と前置きされて、ディープな話になることがあります。

当然ながら、そう言われた話は決して原稿には書きません。業界中、びっくりの話でも！　です。

また、**インタビュー前に雑談として話したプライベートな話題も、基本的には書きません。**

ただタレントのエッセイの場合は、テーマの中でエピソードとして盛り込めるようなら書くことはあります。

話題によっては、テレビの中で1回限り話すならいいけれど、本の中で活字として残るのは厳しい、という内容もあります。

とくに他人の批評に関しては慎重に扱わないと、トラブルになる可能性もあるので注意が必要です。

そうした、基本的な注意事項をあらかじめ心得ておくことも、相手との信頼関係を築くのに欠かせないのです。

私の知り合いの編集ライターは、わざと相手を怒らせて本音を語らせる手法を使うことがあるそうです。

カマをかけるような質問をして、相手を感情的にさせて本音を語らせるというものです。

インタビューの手法としてはあるのかもしれませんが、ゴースト本を作るときには、私はオススメしません。

やはり著者とは信頼関係を結びつつ、売れる本作りをすべきだと思います。

著者との打ち合わせから、まず構成と章立てを考える

いよいよ制作がスタートする際、まずは、著者との顔合わせを含めた打ち合わせを行います。このヒアリングは、正式なインタビュー前の準備と位置付けることができます。

多くの場合、初回のヒアリングは、著者がどんな本を出したいのかについて話を聞くことになります。もし可能なら、「本のテーマは、こんなものがいいのではないか?」というアイデアは、ゴーストライターとしてもいくつか考えておいたほうがいいでしょう。

そのほうが初回のヒアリング後に構成や章立てを考えやすくなります。また、実際に会うまでに、著者に関するプロフィールや、有名人なら著者の作品リストに目を通しておきます。

ここでは例題として、医者が著者の場合の「章立てと構成」をどう詰めていくかを考えてみます。

初回のヒアリングで、本のテーマは「医療現場の裏側と予防医学」にすると決まりました。

そこで、ゴーストライターは、次回からのインタビュー取材のために、以下のような章立て

を考えます。

●第1章「医者の使命と資質」
●第2章「医者への道は険しいか？」
●第3章「新人医の修業時代」
●第4章「医者しか知らない医療現場」
●第5章「予防医学の効用と限界」

まずは、以上のようにそれぞれの章で書くテーマを決めて、全体の構成を整えていきます。

章立てを決めたら、次に各章の内容を著者から聞き出すための「インタビュー事項」を具体的に考えていきます。

〔質問事項〕

●第1章 「医者の使命と資質」

①医者になろうと決意したのはいつ？
②どのような思いで医師を目指したのか？
③家族や周囲の思いや期待は？

●第2章「医者への道は険しいか？」

④医学部に入るための勉強法
⑤医学部時代の思い出
⑥医学部の同期はそれぞれどんな道を選んだのか？
⑦自分自身が医師に向いていると思う資質は？
⑧どんなタイプが医師に向いている？

●第3章 「新人医の修業時代」

⑨新人医師時代の苦労は？
⑩看護師との連携

●第4章「医者しか知らない医療現場」
⑪患者さんとの心温まるエピソード
⑫医療ミスの瀬戸際
⑬最先端医療の利点と問題点

●第5章「予防医学の効用と限界」
⑭健康法の疑問あれこれ
⑮予防医学はどこまで健康を守れる?

これらの「質問事項」は、1回の取材（通常2時間くらい）ですべて聞けない場合は、次回に回します。もちろん、質問が前後したり、追加したりもします。

答えに時間がかかるような質問や、本人が答えたくないような質問が出てきたら、それは外していきます。

また、②、③、⑤のような質問は、著者の答えによって、さらに深く質問していきます。

こうして、インタビューを各章のテーマに合わせて行うことで、話題があっちこっちに飛びにくくなり、そのあと原稿が書きやすくなります。

これが、リアルなインタビュー現場

本格的な取材を行う段階になったら、まずはインタビュー場所を決めましょう。基本は静かで人目が気にならず、飲食もできて、2時間は使用可能な場所を選びます。そうなると場所の候補は、個室のある店、会社の会議室、ホテルのラウンジ、ホテルの部屋、相手の自宅などになります。

インタビュー相手によっては、自宅の近所の馴染みの喫茶店を指定してくることもあります。いずれも事前予約は必要です。場合によってはカメラマンが※**インタビューカット**を撮影することもあるので、その際は撮影可能かどうか先方に確認したり、実際に事前に※**ロケハン**をしたりします。

相手の会社やご自宅でインタビューする場合は、ご本人に仕切りはお任せしますが（取材する部屋、お茶出しなど）、それ以外の店などでインタビューする場合は、取材する側が場所の

※**ロケハン**／ロケーションハンティングの略。撮影場所の下見のこと。

※**インタビューカット**／インタビュー中の撮影ショットのこと。

スペース確保や飲みもののオーダーなどの仕切りを行います。

取材時間の30分前には現場に行って、取材相手がどの位置に座り、インタビュアーがどこに座るのか、撮影があるならどの位置から撮影するのか、など編集者と確認しておきます。


インタビュー現場での必須アイテムは**「インタビューの質問事項のメモ」「筆記用具&メモ帳」「ICレコーダー」「取材相手に関する資料」**です。

取材場所に時計がない場合は、携帯などに取材の終了時間5分前にアラームがなるように設定しておきます。


インタビュー内容は事前に相手に送っておくと、スムーズに取材が進みます。

雑誌のインタビューなら必要ない場合もありますが、単行本の取材のときは、かなり過去まで掘り下げて話を聞くことも多いので、事前に質問事項を渡しておき、必要な資料を用意してもらったり、話す内容を本人に考えてもらったほうが、取材しやすくなります。


以下は、インタビュー現場での録音データから抜粋した取材内容です。

医者である著者に「自分がなぜ医者になったのか」についてインタビューしています。

※ゴ　→ゴーストライター　※著　→著者（インタビュー相手）

ゴ　では、さっそくインタビューをさせていただきます。レコーダーを回させていただいてよろしいですか？（注1）まずは「なぜ医者を目指したのか？」という点についてお聞きしたいと思います。

〇〇さん（著者）は、いつから医者を目指したのですか？

著　そうですね、大学で医学部に入ってからも、じつは「自分は医者になれるんだろうか？」と思っていました。成績も優秀ではなかったですし、そもそも自分は医者に向いているんだろうか、と。絶対に医者になるんだ、という強い意思をもって大学に進んだわけではなかったので。

ゴ　それが、どのように気持ちの変化があったのですか？

著　うーん、やはり親の影響は大きかったですね。うちは父親が医者だったので、子供の頃から漠然と自分も医者になるのかな、と思っていました。別に両親からは医者になることを強いられたことは一度もありませんでした。でも、いざ真剣に将来のことを考えたときに、いろいろシミュレーションしてみたわけです。

ゴ　ああ、シミュレーションしてみたんですね。（注2）たとえば医者以外の道を進んだらどうだろうか、とか？

著 ええ、自分が銀行や商社に進んだら、何を目指してどういう人生を歩んでいくのだろうか、ということを考えてみたわけですよ。でも、医者以外の職業を選んだ時の、自分なりのミッションが思い浮かばなかったんですね。

ゴ 仕事のやりがいを含めてですか？

著 そうです。一度きりの人生ですから後悔はしたくないじゃないですか。親に言われたからとか、給料が良くて安定してるからとか。いや、もちろん、そういう要素もなくはないですけど、もし医者になったら簡単に転職はできないですからね。

ゴ 医学部に入っても、医者にならない人っているんですか？

著 自分のまわりではいなかったですね。たぶん、医学部に入ったら、国家試験に受からずに断念する人はもしかしたらいるのかと思いますが、99パーセントは医者を目指すと思います。

ゴ まあ、そうですよね。でも、医者になって当たり前という環境だからこそ、「自分が本当に医者になるのか、なれるのか、向いているのか？」と自問自答するのは大切なのかもしれないですね。（注3）

著 そう思います。実際に医者になってみて、やはり意識の違いというのは医者によってあるのだな、と実感します。

ゴ いい加減な医者とか？

著　自分のまわりにはいませんでしたが、研究会とか医師会とかほかの病院の医者同士が集まるとその総合病院や大学病院のカラーというか、そこに所属する医師の考え方とか、いろいろあるわけです。

ゴ　そこまで一生懸命ではない、というような……？

著　わたしの所属していた大学病院の先輩医師たちは、とても真面目で一生懸命でした。「患者のためにすべてを注げ」と教わりましたし。行動と考えにブレがなく、厳しかったですけれど、とても尊敬できる先輩ばかりでした。

ゴ　今、お話を伺っていると、なるべくしてなった医者という道が、実際に医療の現場でお手本となる先輩医師からの教えとか、実際に患者さんたちの病気を治してあげたい、という思いが○○さんの医者として生きる決心を固めていった、とも言えますよね？

著　うーん、そうかもしれないですね。（注4）医者になってからの2、3年は毎日無我夢中でしたから。自分を振り返る余裕はなかったですけど。でも、自分が子供の頃から「困った人を助けたい」とか「曲がったことが嫌い」とか「自分より年下の子の面倒を良くみていた」とか、持って生まれた資質のようなものは、医者になってから充分、活かされているな、と思っています。

以上が、インタビューの一部になります。

インタビューのあとは、録音したデータをテープリライターに渡すか、自分でテープ起こしをします。

そして、聞き漏らしたこと、さらに深く聞きたいことなどの確認事項を明白にし、次回のインタビューまでに著者へ何をインタビューしていけばいいのかをわかるようにしておきます。

なお、本文中の「注」については、次ページ以降で説明します。

インタビューは料理を作る際の食材選びと同じ、大事な作業。

「聞き上手になるための、9つのポイント」

前ページでご紹介したインタビューのテープ起こしを基に、インタビュー上手になるポイントをここではお伝えしていきます。

ポイント1

きちんとした態度をとる

（注1）「レコーダーを回させていただきます」

取材を始めるときに、この言葉を伝えないインタビュアーは意外と多くいます。

取材慣れしているインタビュアーはレコーダーで録音することを当然と思いますが、中には生まれて初めて取材をうける人もいます。

断りもなく録音されることに抵抗を感じる人もいるので、配慮は必要です。

初めての取材でインタビュアーが「感じがいいか、悪いか」は、その後の取材内容にも大きく影響します。

まずは、**きちんとした態度、きちんとした身なりなども、聞き上手のインタビュアーの条件**

と言えます。

ポイント2 「オウム返し」をする

（注2）「ああ、シミュレーションしてみたんですね」

相手の言葉を反芻して言うことを、「オウム返し」とも言います。もともと、カウンセラーがクライアント（相談者）に対して使う手法でもあり、「オウム返し」することで、取材される側は「自分のことをちゃんと理解してくれている」と安心し、インタビュアーに信頼を寄せるようになります。

たとえば、取材相手が、

「最初は周囲の人たちから認められなくて、すごく悔しかったんですよ」

と話したら、すかさずインタビュアーは、

「すごく悔しかったんですね」

と、オウム返しします。

このように**感情を伴う内容のときに「オウム返し」をすると効果的**です。

もちろんインタビューのときだけでなく、普段の会話でもこの「オウム返し」は効果を発揮します。

ぜひ、親子、夫婦、恋人、友人との会話で使って、普段から聞き上手になるレッスンをしましょう。

ポイント3

別の角度からの意見を挟み込む

（注3）「そうですよね、でも〜」

すべて「オウム返し」でインタビューを進めてしまうと、取材相手から出てきた範囲の話しか発展しません。

相手の話や意見を批判するのではなく、まずは「確かにそうですね」と受け止めてから、「でも、こういう考え方もありませんか？」と、別の角度からの意見を挟み込みます。

すると取材相手も「今まで気付かなかったが、そういう一面もあるかもしれない」と、自分の言動を客観視できます。同じ出来事でもさらに深い見方ができて、本の内容が濃くなっていくのです。

ポイント4

相手の反応や気づいたところをメモする

（注4）「うーん、そうかもしれない」

同じ答えでも、「迷わず答えたもの」と、「質問されて初めて気づいた答え」ではニュアンスが違います。

せっかく著者に直接、いろいろ聞けるわけですから、このニュアンスの違いはぜひ、原稿に反映すべきです。

インタビューに慣れていないうちは、インタビュアーも緊張して質問するだけで精一杯かもしれません。

ですが、すべてレコーダーに任せてしまうよりは、取材現場で気づいた点や著者の表情、話で盛り上がった話題などはメモに残すようにしましょう。

時間が経つと、テープ起こしを見ても細かい部分は忘れてしまいます。メモにとることで、原稿を書くときに「そういえば、こんなことがあった」と鮮明に思い出せるのです。

それ以外のポイントとしては、

ポイント5 相手が質問に対して考えているときは、待ってあげる余裕をもつ

沈黙が怖くて、つい間髪入れずにインタビュアーが話してしまうと、相手が熟考する時間がなく、インタビュー内容が浅いものになってしまいます。

ポイント 6 相手と「あえて息を合わせない」

よく相手と話すタイミングがかぶってしまうケースがありますが、そういうときは相手と息を吸うタイミングが合いすぎていることが考えられます。

人は息を吸うタイミングでは話はできませんから、相手が話し終わって息を吸うタイミングで質問などを投げかけると、相手とタイミングよく会話のキャッチボールができるようになります。

ポイント 7 相槌のバリエーションは豊富に

相槌は「はい、ええ」だけではインタビューが盛り上がらず平坦になってしまいます。取材相手に気分良くたくさんしゃべってもらうには、豊富な相槌のバリエーションは必須です。

「はあ、そうなんですか！」「すごいですね」「なるほど～」「それで、そのあとどうなったんですか？」「さすがですね、勉強になります」……言葉に書くと太鼓持ちのように感じますが、これくらいリアクションして初めて、相手に話を真剣に聞いていることが伝わります。

自分の話を親身に、真剣に聞いてくれている相手には、信頼を寄せるものです。相手が取材のあとに「今日はなんだか、つい話しすぎちゃったな」と思わせるようなインタビュアーになりましょう。

ポイント 8 リアクションは表情や姿勢でも示す

言葉だけ「すごいですね」と言っても、表情が固かったら、相手には伝わりません。それ以上に、人は言葉と表情や動作が一致していない人には、不信感を抱きます。

たとえば、笑い声を上げているのに目が笑っていなく冷めている人、「その話、すごく興味があります」と言いながら貧乏ゆすりをしたり、そっぽを向いたりしている人など。

やはり相手に「もっとあなたの話を聞かせてほしい」ということを伝えるには、**言葉だけでなく、目の輝きや豊かな表情、前のめりの姿勢などでも示す**ようにしましょう。

イメージがわかない人は、テレビのアナウンサーや司会をやるような著名人を参考にするのもオススメです。

ポイント9

相手の話の区切りの良いところで「要約」を入れる

インタビューをされる側にすると、自分の話に相槌を打ち「わかります、その気持ち」と言われても、内心は「どこまでわかっているのかな?」と思うものです。

なので、ひとつのテーマの話の区切りのいいところで、**相手の話した内容を「要約」して伝えると**といいでしょう。

たとえば、今回のページの例題のインタビュー内容に当てはめるなら、

「最初は父親が医者ということで自分も漠然と将来は医者になるのかな、と思っていたけれど実際に医者になってみると、身近に良いお手本となるような先輩がたくさんいたのと、自分自身がもともと〝困った人を助けたい〟という思いをもっていたことが、医者という仕事とまさにマッチして〝なるべくしてなった〟という確信につながったわけですね」というように要約します。

すると、相手は**「自分の伝えたいことを理解してくれた」という満足感を得ますし、インタ**

ビュアーにも「自分を理解してくれる人」と信頼をおくようになります。

もちろん、インタビュアーの解釈が違う場合は、「そうではなくて、こういう意味です」と再度、説明してくれる利点もあり、誤解なく取材を進めることができます。

インタビュアーの極意を駆使して
聞き上手になろう。

相手別、インタビューの進め方（タレント編）

ゴーストライターになるにしても、普通のライターになるにしても、やはり人気のタレントさんへのインタビュー取材はやってみたいのではないかと思います。

タレントさんは取材慣れしている分、やりやすいかと思うかもしれませんが、実際はそうではありません。売れっ子になればなるほど、一日に何社ものインタビュー取材を入れていたりするので、なかには明らかに疲れていたり、面倒くさそうな顔をしたりすることもあります。

やはり同じような質問が続くと、タレントさんのテンションも下がってしまいます。

タレントさんのインタビューでは、下調べが勝敗を分けます。そのタレント（アーチスト、役者、芸人など）の担当作品（番組、楽曲、ドラマ、映画、CMなど）は必ずチェックし、過去3年ぐらいまでの掲載誌にも目を通しておくべきです。

もし可能なら、事前にコンサートに足を運び、ドラマや映画なら撮影現場にも取材に行ったほうが、インタビューでは踏み込んだ話が聞けるでしょう。

私の場合は、可能な限り、インタビューするタレントさんの舞台やコンサート、出演ドラマや映画、書籍や写真集などには目を通します。

インタビューの冒頭から、

「先日、出演された舞台、見に行きました。最後のシーンのあのセリフ、すごく感動しました」

と、必ず具体的に感想を伝えるようにしています。

するとだいたい、

「見に来てくれたんですね！　ありがとうございます」

と、応えてくれるので、そのあとのインタビューがとてもスムーズになります。

でも、くれぐれも、「あのシーンはもっとこうするべきだった」など評論家口調にならないように。感想はあくまでもさらっと述べるだけにしましょう。

幸運にも自分がファンだったタレントさんを取材する際は、しつこくならない程度に「ファンです」と伝えていいと思います。

人間には、自分に好意を寄せてくれる相手を「好ましく思う」という心理があるからです。

通常の質問に、ときどき「マニアックな質問」を入れると、「このインタビュアーは自分に関心を持って、よく下調べしてきてくれた」と好印象をもつので、取材にも積極的に答えてくれるようになります。

相手別、インタビューの進め方（著名人・文化人編）

作家や評論家、学者、大学教授、政治家、弁護士、医者などにインタビューをする際は、**「教えを乞う」というスタンスで取材するのが一番**です。

これらの先生と呼ばれる著名人は、その道のスペシャリストですから、「自分が一番」という自負も強く、プライドが高い人も多いからです。

勉強してそのジャンルのことが詳しくなっても、取材で知ったか振りは厳禁。「先生にお話が聞けて、本当に勉強になった」という態度で、インタビューしましょう。

実際に、**文化人の方々はお話好きも多く、博学な方も多い**のです。

以前、茂木健一郎先生をインタビューしたときも、私自身、聞きたいことが山ほどあり、「脳の仕組み」について熱心に質問したところ、茂木先生の話もだんだんヒートアップして、予定時間を30分もオーバーして取材に応じてくれたことがありました。

その世界の第一人者にインタビューする機会があったときは、それこそ**「先生と生徒」のよ**

うなポジションで質問するといいかもしれません。

また、さきほども述べたようにプライドの高い人も多いので、ライバルにあたる人の話に触れるのも基本はタブーと考えておきましょう。

先方から話が出たのならいいですが、わざわざ「○○先生は、違うことをおっしゃっていました」などと言ってしまい、ご機嫌を損ねてしまった話も、ライター仲間から聞いたことがあります。

著者が文化人の場合、「教えたい願望」をくすぐりながら聞くこと。

相手別、インタビューの進め方（一般人編）

媒体によっては、一般のＯＬやビジネスマン、主婦、学生たちにインタビューすることがあります。

一般の方々は、ほとんど取材をされるのが初めてなので、内心、「何を聞かれるんだろう？」「ちゃんと答えられるかな？」と不安に思っています。

なので**インタビュアーはできるだけ気さくに明るく、ときには冗談もまじえて話を聞くようにすると、相手は安心して質問に答えてくれるようになります。**

また、相手との共通点を見つけて、安心させるのもいい方法です。たとえば「家が近所、出身大学が同じ、趣味が同じ、共通の知人がいる」などです。

どうしても共通点がない場合は、**相手と「同調行動」をすることもオススメ**です。

たとえば、相手が髪の毛を触ったら自分もさわる、コーヒーを飲んだら自分も飲む、など。

相手と同じ動作をすると、親近感を持ってもらえて警戒心や緊張感をとくことができるのです。

声のトーンや話すリズムにも気をつけます。**相手が緊張している様子だったら、こちらはつとめて落ち着いた、少し低めのトーンで、ゆっくり話すように心がけましょう。**高い声でテンション高く早口でしゃべると、相手は尋問されているような気分になり、余計に不安になります。

質問の仕方も、「あなたにとっての生きがいとは?」など、**抽象的な質問ではなく、できるだけ具体的に**「仕事をしているとき、どんな場面で達成感や、やりがいを感じますか?」というような聞き方をします。

取材慣れしていないので、要領よく答えられないときには、「たとえば、こんな気持ちですか?」と、代弁してあげるのも手です。

代表的なインタビューの手法として**「オープン・クエスチョン」と「クローズド・クエスチョン」**があります。

「オープン・クエスチョン」とは、相手に自由に気持ちや考えを語ってもらう質問の仕方で、たとえば「休日はどのように過ごしていますか?」「ストレス解消はどうやっていますか?」など。

「クローズド・クエスチョン」とは、質問に対して「yes・no」や「AかBか」で答えられる方法です。たとえば「休日は家でのんびり派ですか? それともアウトドア派ですか?」「ストレス解消にカラオケに行くことはありますか?」など。

どちらかに偏るのではなく、最初は「オープン・クエスチョン」で広い範囲で自由に答えてもらい、徐々に「クローズド・クエスチョン」でより具体的にしていくと良いでしょう。

「インタビューはゴーストライターがやったほうがいい理由」

大体、ゴースト本を引き受ける場合は、インタビュー取材と原稿書きはワンセットになっています。

ゴーストライターが著者をインタビューして、原稿を書くスタイルです。

なかには、別の人間がインタビューしたものを、ゴーストライターが書くこともありますが、私は、インタビュー取材はできればゴーストライターが自分でやったほうがいい、と思っています。

なぜなら、**実際に著者と会うことで、著者の「人となり」をつかむことができる**からです。

テープ起こしの文字ではわからない部分が、原稿を書く上でじつはとても大切です。たとえば、早口で話すのか、ゆっくり話すのか、標準語か方言か、表情豊かに話すのか、手振り身振りは大きいか、よく笑うのか、淡々としているのか、話が脱線するタイプか、話すときに相手の目を見て話すか、あまり見ないで話すか、質問にテンポ良く答えるか、じっくり考えながら話すか、など。

こういった**文字に現れないことにこそ、その人の「個性」が表れる**からです。著者の個性や取材時に感じたイメージは、原稿を書くときの大きなヒントとなります。

ゴーストライターは著者に成り代わって本を書くわけですから、なるべくその著者のカラーを押し出す必要があります。

これはニュアンスを伝えるのが難しいのですが、こう考えてみてください。あなたが「学生時代の親友」と「恋人または夫（妻）」と「上司や先輩」に手紙を書くとします。

そのとき、自分の近況報告を書くとしても、3名ともまったく同じ文面にはしないと思います。手紙の相手をイメージして、文章の書き方や表現、内容を変えるはずです。この相手をイメージした文章、というのがゴースト本で著者をイメージして原稿を書くときの感じに似ています。

また、取材で話を聞いていると、テープ起こしを他人に頼んだ場合にも、書くときにとてもラクになります。

というのも、**日本語は英語のようにストレートな表現だけではなく、同じ言葉でもいろんな意味に捉えることができる表現が多い**からです。

たとえば、「けっこうです」という言葉には「それでOKです」という意味にも「お断りします」の意味にも使われたりします。

最近では「ヤバイ」という表現が「最高にいい」という意味で使われることもあります。日本語は、文字だけを見ると意味を取り間違えることも多いので、実際に話を聞いておく必要があるのです。

私はかつて、ある芸能プロダクションの社長の本で、2回ほど別の構成作家が取材を担当し、原稿も途中まで書いたものの「やっぱり書けない」と言われてバトンタッチしたことがありました。

インタビューは自分が行っていないため、テープ起こしのデータ原稿を見ても、自分の中に落とし込んで原稿を書くまで、かなりの時間がかかりました。

さらに、すでに書かれた原稿もあったため、それを自分の書いたものにチューニングしなければならず、大変な思いをした記憶があります。

たとえば、同じ対象物（人や景色など）を10名の人が絵に描いたら、キャンバスに描かれた絵は1枚1枚違うはずです。

それと同じで、著者は同じでもゴーストライターが違えば、原稿のタッチは当然、違ってきます。

よく「文は人なり」と言いますが、どうしても書き手の人間性は文章に出てしまいます。

だからこそ、ゴーストライターがインタビューからきちんと著者に向き合って取材をして、著者の「人となり」を把握して原稿を書くほうが、著者像をブレずに書くことができるのです。

インタビューでは、著者の話した言葉以外の表情やしぐさに注目し、著者をまるごと理解して書く。

「インタビュー次第でゴースト本の成功の8割は決まる」

インタビューの大切さは前ページでも述べました。とにかくゴースト本の場合は、文章の善し悪しよりも、**インタビューで得た「ネタ」の善し悪しのほうが大事**なのです。

自分自身で本を書く場合は、文章を書くために自分の記憶の引き出しからいろんなエピソードや知識を引っ張り出したり、それでも足りない場合は自分で調べたり、人に聞いたりして、テーマに合った文章を書き綴っていきます。

ゴースト本の場合は、ゴーストライター自身が、著者の記憶の引き出しを開けねばなりません。その作業がインタビューというわけです。

著者は自分では書かないために、自分の中の引き出しのどのネタが使えるのかどうか、細かい部分までは判断がつきません。

なので、インタビューで質問されて始めて、「使えるネタかどうか」がわかるのです。そうは言っても、自分の話したことが「どのように文章化されるのか」は、著者には見当がつかないことも多いようです。

私もよく著者から、「こんな話でまとめられる?」「この話が、どうやって原稿になるの?」と聞かれたものです。

これはゴースト本に限ってではありませんが、私が駆け出しのライターだった頃、先輩たちからはよく**「取材で10のネタを拾ってきたら、そこから使えるネタを2～3に絞って原稿を書け」**と言われました。

逆を言えば、100個のネタがあっても、本当に使えるのはその中からごくわずか、ということです。

と言っても、著者へのインタビュー時間は限られていますから、明らかに使わないネタの入った引き出しばかり開けても意味がありません。

ポイントとなるテーマについては細かく質問を重ねながら、さらに深くおもしろいネタが拾えるかどうか探ることが大切です。

インタビューの内容がヒット作になるかどうか、を念頭に私がゴースト本を書く際、いつも心がけていることがあります。

それは読者にとって「この話は、初めて読んだ」という内容を必ず入れることです。タレントやスポーツ選手などのゴースト本を手がけることが多かったのですが、彼らのファンである読者は、明らかに書き手のゴーストライターよりもその著者のことを詳しく知っています。

だからこそ**「このネタは知ってる」と、読者に思わせたら負け**です。

自分にとっては新鮮な話でも、読者にとっては周知の事実ではお話になりません。

著者は取材のときに、自分のお気に入りのエピソードをつい話すものですが、そういうネタはもうすでに他の媒体で掲載されている可能性が高いのです。

それを防ぐためにも、**取材の前には著者に関する記事を読んでおき、できる限り、ネタがかぶらないようにインタビューをする必要があります。**

著者と何回か取材を通じて信頼関係を得たら、正直に「今回の本で、初めて語る（書く）ネタが欲しいのですが」と言ってみるのも手です。

著者としても、自分の著書をヒットさせたいわけですから、きっと「世に出していない、とっておきのネタ」を話してくれるに違いありません。

取材が脱線したときこそ、著者の素顔がのぞける瞬間

刑事ドラマや大ヒットした海外映画に出演した、今は亡き大物俳優Ｔさんの本を担当したときのこと。Ｔさんはインタビューのときに話が脱線ばかりするので、かなり苦戦しました。

こちらの質問にあまり興味がないと、「それはそうと、こんなことがあってな……」と、自分の思い出話に花を咲かせるのです。

もちろん、昔のエピソードの中にも使えるネタはあったのですが、こちらが求めているテーマに沿った話がなかなか進まず、この先、原稿が書けるのか不安になっていました。

そんなとき、Ｔさんが話の脱線の中で、亡くなった奥様の話をされました。インタビューは、Ｔさんのお宅のリビングで行われたのですが、Ｔさんがいつも座るソファの後ろに、亡くなった奥様の写真が大きく飾られていたのです。

「私は、亡くなった家内に、こうやっていつも見守られているんだよ。だからどこで何をしていても安心していられる」

その言葉を聞いて、Tさんの豪放磊落なイメージは、亡くなった奥様に見守られているからこそ成り立っているんだ、ということに初めて気づかされました。

このように、脱線話にこそ、その人の本音や根っこの部分が垣間見られるものです。**私はこの一件があってからは、質問から話が反れることがあっても、まずは著者が語りたい話に耳を傾けること**にしました。

また、脱線話には、こんな効用もあります。ある男性タレントのゴースト本を担当したとき、博学なこのタレントさんのインタビューは脱線も多かったのですが、そこから新たな企画が生まれ、電子書籍で様々なテーマでシリーズ化することになりました。

もちろん、流されっぱなしではいけません。キリのいいところで、話を本流に戻すのはインタビュアーでもある、ゴーストライターの役目です。そこは、お忘れなく！

話が脱線したときは、新たなネタや企画が生まれる瞬間。

「編集者とのコンビネーションは大切」

ゴースト本の場合は、全部で5〜8回インタビュー取材をするので、最初の1〜2回は出版社の編集者がインタビュー現場に立ち会うことはありますが、そのあとは、だいたいインタビュアーに任せてくれます。

取材相手にしても、あまり外野が多くて監視されている雰囲気よりも、インタビュアーと1対1、またはフォローのスタッフも交えて3人くらいで取材をしたほうが落ち着いて話せることが多いようです。

これが雑誌のタイアップ記事でタレントさんを取材となると、出版社の編集者、代理店の担当者、タレントのマネージャー、クライアントのPR担当など総勢10名くらいに囲まれながらインタビュー取材を行うことがザラにあります。

どのような体制になるかを、インタビュアーが決めることはできませんが、**できるだけ編集者とは連携を密にして、取材がスムーズに行えるように準備をしましょう。**

とくに、取材嫌いだったり、寡黙なタイプでなかなかしゃべらない相手をインタビューすることになった場合、インタビュアーだけで対応すると、沈黙になった場合にフォローのしようがなくなります。

そんな状況が想定される場合には、編集者とコンビを組んで、

「○○さん（編集者）なら、どう思います？」

と、ワンクッション置いて、その間にインタビュー相手に考える時間を与えたり、ボケとツッコミ役を決めておいて、

インタビュアー「そういえば、○○さん（編集者）は、このあいだ、こんな失敗したって言ってましたよね」

編集者「あ、それここで言わせる？　じつはですね……」

と、場を和ませるエピソードを話してもらうようにします。

私もゴーストライターになって15年くらいまでは、取材現場にベテランの出版プロデューサーに同行してもらっていました。

たとえば、スポーツ選手への取材で、インタビュアーの私が

インタビュアー「大きな大会の前は、1日どのくらい練習するんですか?」

と、まともな質問をして、

スポーツ選手「やはり筋肉の量を落としたくないので、1日3時間は必ず筋トレします」

と、答えたときに、

プロデューサー「そんなこと言って、じつはめんどくさいって裏で舌打ちしてたんじゃないですか?」

などと冗談めいたツッコミを入れてもらいました。こうして、インタビュー現場を堅苦しくなく、本音で語れる雰囲気にしてもらっていたのです。

いずれにせよ、本や雑誌はライターだけが作るのではありません。編集者やプロデューサーと一緒に作っていくわけですから、ときには助け舟を出してもらうなど、**うまくコミュニケーションをとることで、インタビュー現場を円滑に進めていく**ようにするといいでしょう。

Chapter 4

3か月でライティング力を上げる実例集

この章では、文章を書く技術を向上させるノウハウについてお話しします。

実践編① テープ起こししたデータ原稿から、どのように書いていくのか？

取材が無事終わったら、いよいよ原稿執筆の作業にかかります。

書き始める前に、テープ起こしのデータ原稿をざっと、事前に作った章立てごとに分けておきましょう。

各章に入る内容を先に仕分けておくことで、それぞれの章がどれくらいのページ量になるかがわかりやすくなります。

テープ起こしの原稿は、基本はインタビューで録音したデータをそのまま書き起こしています。

つまり、インタビュアーの質問部分もすべて書き起こされているので、その部分の処理をしながら原稿を仕上げていくことになります。

実際にどう書いていけばいいのか？　108ページ以下のテープ起こしデータの例を基に、具体的にどう書いていくのか、お見せしていきたいと思います。

著　大学で医学部に入ってからも、じつは「自分は医者になれるんだろうか？」と思っていました。成績も優秀ではなかったですし、そもそも自分は医者に向いているんだろうか、と。絶対に医者になるんだ、という強い意思をもって大学に進んだわけではなかったので。

ゴ　それが、どのように気持ちの変化があったのですか？

著　うーん、やはり親の影響は大きかったですね。うちは父親が医者だったので、子供の頃から漠然と医者になるのかな、と思っていました。別に両親からは医者になることを強いられたことは一度もありませんでした。でも、いざ真剣に将来のことを考えたときに、いろいろシミュレーションしてみたわけです。

ゴ　ああ、シミュレーションしてみたんですね。例えば医者以外の道を進んだらどうだろうか、とか？

著　ええ、自分が銀行や商社に進んだら、何を目指してどういう人生を歩んでいくのだろうか、ということを考えてみたわけですよ。でも、医者以外の職業を選んだ時の、自分なりのミッションが思い浮かばなかったんですね。

この部分を、著者が語っている原稿に仕上げると次のようになります。

じつは私の父親も医者です。こう書くと皆さんは、私が医者になるのは必然で、まさしく「カエルの子はカエル」と思うかもしれません。

両親からは「医者になれ」とは一度も言われませんでした。確かに中学生くらいから将来は医者を目指すのかな、と漠然と思ってはいましたが、その程度でした。

大学で医学部に入ってからも「絶対に医者になる」という強い意志はなく、むしろ「自分は医者に向いているのだろうか?」と、ずっと自問自答していました。

医学部の友人たちは早くも「将来は外科医として大学病院に進んで、そこで実績を積んでから独立して病院を経営しよう」などと、具体的な夢に向けて頑張っていました。

そんなか、まだ自分は将来に決定打を打てずにいました。

今思えば、単なるあがきだったのかもしれませんが、このまま何も考えずにレールの上を突き進んでいいのか、という迷いもあったのだと思います。

高校時代の先輩が銀行マンになったと聞けば会って話を聞いたり、商社マンになった友人に仕事のやりがいを聞いて歩きました。

自分がもし医者以外の道を進んだら、何を目指してどういう人生を歩んでいくのだろうか、ということを色々シミュレーションしてみたのです。

でも結局、医者以外の職業を選んだ時の、自分なりのミッションが思い浮かばなかった……。

あのとき、自分なりにトコトン考えてみて本当に良かったと思っています。それがあったので、自分の進む道は医者しかない、と将来の自分の姿を迷いなく決心することができたのだと思います。

このように、インタビュアーの質問事項も文章中に盛り込みながら、どのような思いや葛藤を乗り越えて、医者を目指す決心に至ったのか、ということに焦点をあてて原稿を書いていくのです。

実践編②
増刷がかかるような見出しをつける

ゴーストライターとして一番苦労するのは、じつは見出し付けです。

最初の頃は、書いた内容が分かればいいのかと思い、凡庸な見出しを付けていましたが、編集長に徹底的に直されてしまいました。

内容以上に、なぜ見出しが大事か？

これは皆さんが書店で本を選ぶときに、ヒントがあります。

書店で立ち読みをする際、皆さんはどこから読みますか？

やはり一番多いのが、目次だと思います。 その目次に、自分が興味を引く内容が並んでいれば、そのページをパラパラめくって、実際にどんな内容か確認するはずです。

ネットで買う際にも、最近では見出しがチェックできるようになっています。

それくらい、見出しで「買う、買わない」を決めているからです。

では、実際にここで142ページの文章に「見出し」をつけてみましょう。

見出し 1
「カエルの子がカエルになるまでの紆余曲折」
見出し 2
「迷って見つけた、医師への道」
見出し 3
「進路に迷ったら未来の自分を逆算せよ」

3つの見出し例を作ってみましたが、どれが正解かは、媒体や読者ターゲットによって変わってきます。

見出しとは、いうなれば**本文の内容を見栄え良くラッピングするような作業です**。

上手なラッピングは、商品をより魅力的にします。

多くの人が読みたくなるような見出しを付けることが、本の売上にも大きく左右するのです。

増刷がかかるかどうかは、内容以上に見出しにかかっていると言っても過言ではありません。

タレント本でもビジネス本でも、見出しは3点のポイントを考えて書いてみましょう。

①こんな話は、この本で初めて見た。⬇だから、読んでみたい。
②この話は、自分にとってためになりそうだ。⬇だから、読んでみたい。
③この話は、なんだかおもしろそうだ。⬇だから、読んでみたい。

以上の3点を心に留めて、見出しを考えます。
たとえば、以下の見出しを比べてください。

○「覚えるより、忘れなさい」
×「覚えるより、忘れるほうが難しい」

○「大スクープ! あの選手とあのアイドルが……?」
×「じつは○○選手と、あのアイドルは同級生だった」

○「プロデュースの基本は〝感・混・創・才〟」
×「プロデュースに必要な4つの力」

どちらも同じ内容を示しているのですが、どちらが読みたくなる見出しでしょうか？

ときには、思わせぶりに書いたり、言い切り型にしたり、どういう内容なんだろうと、考えさせたりしながら、**読者の興味をそそる表現で考えてみること**がポイントです。

見出しは、読者の興味をそそるよう、上手に〝チラ見せ〟せよ！

実践編③

1話完結を心がけ、起承転結をつけて書く

章立ての仕分けが終わったら、基本はどのネタから書き始めてもかまいません。私は駆け出しの頃、とにかくまずは原稿を書いてペースやリズムをつかみたい、と思い、自分が書きやすい内容から書いていました。

書きやすいというのは、インタビューのときに著者が気分良く話してくれ、取材現場が盛り上がったような話。これは記憶にも残っているので、すらすら書けます。

ゴーストライターデビューしたばかりの方は、章立て通り、順番に書かねば、と考えることが多いようです。しかし、「順番に」と考えると、それがプレッシャーになってしまいます。プレッシャーでなかなか筆が進まないよりは、**まずは書きやすい内容から、自分自身が「乗って書く」という状況を作るほうがいい**と思います。

書きやすい章から書き進めていき、自分が1日何時間でどのくらいの量の原稿を書けるのか、という目安も知っておく必要があります。

なぜなら、締切というゴールがあるため、書き上げるためのペース配分をしなければならないからです。

日によって「書ける日」と「書けない日」に差があると、締切までに書き上げられなくなってしまいますから、原稿完成までのスケジュールを立てて、「1日最低、何ページ書く」とノルマを決めておくといいでしょう。

また、ひとつの見出しの部分に書く内容は、1話完結を目指すようにしましょう。

小説の場合は、はじめから続きものとして書きますが、エッセイやノウハウ本、ビジネス本は各章ごとに書くテーマが違います。

各章の中でいくつかテーマが分かれる場合は、大見出し、中見出し、小見出しのように見出しを階層化し、大見出しのテーマは必ずその中で完結させるようにします。

読者は、最初から順番に読む人もいれば、目次をパラパラとめくって自分が興味のあるページから読む人もいます。

なので小説以外は、どこから読んでも1話完結として読めるように書いていくのが原則になります。

具体的には「起承転結」を意識して書きます。

「起承転結」とは、

「起……文章の書き出し、テーマの提示」

「承……そのテーマをふくらます」

「転……違う角度で書く」

「結……これまで述べてきたことの総括、まとめ」です。

１０５ページで章立てした、『第４章　医者しか知らない医療現場』の「患者さんとの心温まるエピソード」を例に、最初の部分を起承転結にのっとって書くと次のようになります。

起……よく外来で「３分診療」と言われますが、大きな大学病院だと、ひとりの医師がひとりの患者さんに深く関わるのには限界があります。

承……実際に外来にくる何十人もの患者さんを、初見と問診表と実際の診察で、軽度か重度か、検査は必要か、経過を観察すればＯＫか、など短い時間の中で医師は判断しなければなりません。

転……そんななか、入院になってしまう患者さんもいます。すぐ退院できる患者さんもいますが、なかには長期入院の患者さんもいます。今から2年前、入院患者に小学5年生の女の子がいました。彼女は自律神経失調症で学校に行けない状態でした。医師として何とか学校に復帰してもらいたい、と思った私は、時間の合間を見て彼女に勉強を教えてあげることにしたのです。

結……結局、診察時間の長短ではなく、その医師がどのくらい「患者さんの立場になって診療できるか、最善のことができるか」が大切なのではないでしょうか。

これは、例として挙げたものなので、すべての文章を無理に「起承転結」にする必要はありませんが、この書き方をマスターしておくと、他の媒体でも使えるスキルとして役立ちます。

テーマを仕分けたら、書きやすい内容から執筆し「起承転結」のリズムで書くこと。

「著者になりきる極意とは」

次に書くことは、私がやっている極意であって、すべてのゴーストライターにあてはまることではないことを初めにお断りしておきます。

きっと多くのゴーストライターの方々は、もっと淡々と書いていると思います。ですが私の場合は、ビジネス本やノウハウ本よりもタレントなど、著名人のエッセイ本を担当することが多かったため、「できるだけ著者になりきって書く」という姿勢は、必要不可欠だったように思います。

私がやっていた「著者になりきる極意」とは?

---

①著者がタレントやスポーツ選手、著名人の場合は、パソコン周りに著者の写真や本を置き、著者を身近にイメージできるようにしておく。

②アーチストなどの場合は、本を書くためのテーマソングのように、そのアーチストの曲をBGMにして原稿を書く。

③本の内容には関係なくても、著者の生い立ちや育った環境を調べ、その著者がどのように人間形成されたのか、自分なりに分析しておく。

④原稿とは関係なくても、著者の日常生活のパターンや食事の好みなどを把握しておく。

⑤その著者の声で文章を頭で考えられるようにしておく。

⑥原稿を書いている間は、日常のあらゆるシーンで「もし著者だったら、どう思い、どう行動するか?」と想像するようにしておく。

⑦可能なら、著者のお宅でインタビューさせてもらい、生活環境を知っておく。

⑧その著者の魅力、尊敬できるところ、好きな部分を100個挙げられるくらいにしておく。

⑨著者のマネージャーや秘書、スタッフなどから著者にまつわるエピソードを聞いておく。
⑩著者の思い描く、未来のイメージ、達成したい目標、夢を共有しておく。

少し補足しておきましょう。

①の「写真を置き、身近にイメージする」というのは、たとえばエッセイ本の場合は、著者のエピソードを書くことが多いため、取材で聞いた内容を文章にする際、著者が実際にどのように行動したのかを想像できるくらいになっておくと、とても原稿が書きやすいからです。

上手くイメージングができるようになると、テープ起こしの文章を書き起こすというより、頭の中で著者が動いている映像を原稿に書き起こす、という感覚になります。

それはイコール、**著者を身近にイメージして自分の感覚に取り入れている**ということです。

著者がアーチストだった場合、②の「著者の曲を聴きながら書く」ということが、モチベーションを上げる意味でも、すごくオススメです。ある女性アーチストのゴースト本を担当したときは、あまりにも毎日、曲を聴いていたため、寝てからも頭の中にグルグル曲が流れて離れず、少し困りましたが……。

③、④、⑦の「著者の生い立ちや日常の生活環境を知っておく」ことは、**エピソードとエピソードの「間」を埋めるときに、とても役立ちます。**

取材時間は限られているため、軸になるエピソードを聞いていても、細部は「著者ならきっとこうするだろう」と想定して書かねばならない部分がどうしても出てきてしまうのです。

その時に、著者の日常を知っておくと、「間」を埋める文章を書くときに大きく外すことはありません。

その意味では、⑥の「著者だったら、どうするだろう」と、いろんなシーンで想像しておくことも必要です。

それができるようになると、⑤の「著者の声で文章を考える」ことができるようになってきます。

著者が男性でも女性でも、**頭で文章を考える際に、著者の声で文章が浮かんでくるようになればしめたものです。それはそれだけ、自分自身が著者になりきっている証拠だからです。**

⑧、⑨は、著者自身が自分では気づいていない「自分の魅力」を本の中に散りばめるときに

役立ちます。具体的なエピソードを聞き出しておくといいでしょう。

自分では「自分の良い部分」を書くことに照れがありますが、そこをゴーストライターが上手にオブラートに包んで書くことで、著者の魅力満載の本にすることができます。

そういう意味では、**著者が自分で書くよりも、ゴーストライターが書くほうが、良い本が書けるのでは**、と思うくらいです。


最後に、**著者と「未来を共有する」ということも忘れてはなりません。**その本が、著者の過去の栄光だけにしか触れていなければ、読者はあまり魅力を感じないでしょう。

やはり読後に「未来」や「成長」「挑戦」「可能性」を感じさせること。それがそのままその著者への「これからも注目したい」「応援したい」という気持ちにつながるのです。

そんな内容を盛り込むためにも、著者の目指す「未来」を、ぜひ共有してみてください。

著者になりきれたら、
ゴースト本の執筆ほど、楽しいものはない。

「原稿に美辞麗句はいらない、話し言葉で書くこと」

原稿の書き始めは、どうしても肩に力が入ってしまいます。肩に力が入ると、野球のピッチャーで言えば「すっぽ抜け」＝「暴投」してしまいます。

上手に書こう、キレイに書こう、読者をあっと言わせてやろうなど、志は高いほうがいいのですが、ゴースト本に力みは必要ありません。

なぜなら、ゴーストライターが担当する本は、大作家の代筆ではなく（稀にこういうケースもありますが）、本業は別にある人が自分のノウハウや経験、研究してきたことを本にしたい、というより身近なものだからです。

美辞麗句や難しい専門用語、回りくどい比喩は必要ありません。むしろ、**著者がインタビューで語った言葉を、いかに「分かりやすく」「平易な言葉」で「読みやすく書く」かに、総力を注ぐべきです。**

読者の多くは、少しでも著者の本音や、生々しい感情の変化、知らなかったことを知る喜びを、本を読むことで得たいと思っています。

ノウハウ本やビジネス本、自己啓発本なら、新たに得た知識を自分自身でどう使えるかを知りたいと思っています。

文章のタッチはジャンルを問わず、著者の語り口調で書いていきます。とくに著者がタレントや著名人の場合は、そうすることで「著者らしさ」が文章ににじみ出てきます。

かつて私が担当したタレント本の数々は、読者から「著者が身近で語っているように読めた」「より一層、親近感を抱いて、ますます好きになった」と感想のメッセージをたくさんいただくことができました。ですから、これは間違いない手法です。

タネを明かしてしまえば、著者にインタビューで語ってもらったものを原稿に書くわけですから、語り口調になるのは当然なのですが。

さらに、著者の語った内容を、**分かりやすく噛み砕いて表現するのも、ゴーストライターの役目**です。とくに専門職に就いている人が著者の場合、一般の読者が自分の専門分野のことをどこまで理解して、どこから分からないのかが、分からない人が大半なのです。

著者はついつい専門用語を使って話してしまいますが、それでは読者には分からないことが多いのです。

私が投資術のゴーストを担当したときも、難しい計算式が出てきたりしたので、こんな場合は自分が読者代表になったつもりで、分からない部分は徹底して著者に質問をしました。

こんなケースでは、自分でも専門書を読み込んで基本的な知識をあらかじめ理解しておきましょう。

ところで、インタビューを基に記事や本を書く場合、原稿の量ごとに難易度が異なります。

「2000文字程度 ＜ 8000文字以内 ＜ 1万文字以上」

この式は、下にいくほど難易度が上がることを表しています。

一般的に、文字量が少ないほうが簡単に書ける、と思う方が多いようですが、実際はそうではありません。

少ない文字量の中で、伝えるべきこと（※5W1H）や、取材対象者のコメント、さらにクライアントの意向を簡潔にまとめるためには、じつは文章力や構成力がより必要になるからで

※ **5W1H**／いつ（When）、どこで（Where）、だれが（Who）、なにを（What）、なぜ（Why）、どのように（How）という6つの要素をまとめた、情報伝達のポイントのこと。

す。

限られた文字数の中に、センス良く原稿をまとめる作業は、じつは難易度が非常に高いのです。文字量2000字程度は、雑誌の特集ページやインタビューページの一本の記事くらいにあたります。

これくらいの量なら、取材内容がしっかりしていれば、多少の脱線やレイアウトの微調整も可能です。

書き慣れてくると、この分量の原稿は比較的書きやすくなると思います。

一番難しいのは、文字数1万字以上です。1万字は、400字詰め原稿用紙でいうなら25枚に相当します。

さらに単行本1冊書く場合は、最低でも原稿用紙300枚程度。800枚というケースもあります。例えるなら、フルマラソンの感覚です。書いても書いてもゴールはまだ先。もちろん、ただ書くだけでなく、「起承転結」も考えながら、仕上げなければなりません。

このようにお話すると「ゴーストライターとして1冊書くのは、原稿量からしても一番難易度が高いのではないか」と思うかもしれません。でも、安心してください。

1章から最終章まで「起承転結」を考えて書くのは、主に小説の類です。ゴースト本は、各章のテーマに合わせて、7～10本程度の見出しをつけた小テーマを先ほどお話しした1話完結の形で書いていきます。

この1話の分量がまさに2000文字前後。難易度的に見ても、ちょうど書きやすい文字量なのです。

もちろん、他の部分との内容のかぶりや、読者にとって分かりやすい表現になっているかなど、基本的なことに注意は必要ですが、あとはコツコツ書きつないでいくだけ。

1冊書く、と考えると、何か途方もないことのように思いがちですが「毎日1キロを何本か走り、合計で42・195キロ走れば良い」と考えれば、本を1冊書くゴールに必ずたどり着けます。

原稿を書くスピードを上げる

原稿を書くのが遅いのと早いのでは、断然、早いほうがいいのは当然です。丁寧に書いて締切を過ぎるのだったら、著者から修正が入っても早く書き上げたほうが出版社から喜ばれます。

書くスピードは、やはり慣れが大きな要素です。原稿書きを数多くこなすに連れて、自分の文体やリズムが出来てくるので、最初の書き出しこそ時間がかかっても、あとはわりとスムーズに書けるようになります。

それでも最初は、書くときに時間がかかると思います。そういうときは、大体、頭でっかちになって、力んでいるのです。

新人の頃の私もそうでした。編集長から何度も原稿を書き直され、自分でも何をどう書きたいのか良くわからなくなって途方にくれていると、

「おまえが書きたいことを言ってみろ」

と編集長に言われ、私が自分の書きたいことを伝えたところ、

「そうだよ、**今、おまえがしゃべった通りに書けばいいんだよ。上手く書こうと思うな**」と、言われてハッとしました。

書けないときというのは、頭の中で上手に書こう、キレイに書こう、と思うあまり、自分でブレーキをかけて自分で文章を書けなくしてしまっているのです。

伝えたいことは、シンプルに。できるだけ読者が読みやすいように、センテンスを短く書くのがコツです。

最初からうまく書こうと思わずに、まずは肩の力を抜いて自分のブログでも書くように書き進めるのです。

修正や肉付けは、あとからいくらでもできます。

有名作家でも、最初に書いた原稿に推敲を重ねて何度も赤入れして完成させています。

そうやって書き慣れてくると、書くスピードは増していきます。

毎日走れば脚力がついて足が早くなるように、筆力にもトレーニングは必要です。ぜひ、ブログでもフェイスブックでもいいので、毎日書くことで筆力をアップさせ、書くスピードを上げていきましょう。

「ライティング ハイ」を経験すると原稿を書き終わるのが悲しくなる!?

マラソンの世界では、よく「ランナーズ ハイ」のことが話題になります。

フルマラソンなどのランナーが、ある時期のデッドポイントを抜けると、今度は走るのが楽しくて楽しくて気分がハイになる現象のことです。

脳内にベータエンドルフィンなる快感ホルモンが出て、走ることが苦ではなく楽しくなるのだそうです。

似たようなことは、作家やゴーストライターにも起こります。

ある作家さんは、よく「ライティング ハイ」になるそうで、そうなると寝食も忘れ、朝から書き続けて、気づくと夜になっていた、ということがあるそうです。

そういう私も、過去に何度か「ライティング ハイ」を経験したことがあります。

通常の集中状態は、もっても6時間程度ですが、書き始めて2時間くらい経ったのかな、と思って時計を見たら、すでに8時間経っていた、ということは私にもよくあります。

「ライティング　ハイ」になると、原稿を書くのが楽しくて幸せで、頭からどんどん溢れてくる文章を、パソコンで打つスピードが追いついていけないほどになります。

今日はそろそろ終わりにしようと思って床についても、頭の中で文章がどんどん溢れてくるので、なかなか寝させてもらえません。

仕方がないので、もう一度、起き上がってパソコンの前に向かうということは、よくありました。

普通は原稿を50ページ、100ページ、150ページと書いていき、200ページを超えると、ゴールはすぐそこ。

あと少しで書き終わる喜びでいっぱいになるのですが、「ライティング　ハイ」になっていると、書き終わるのが寂しくて仕方なくなります。

例えるなら、夢中になって読んでいた本を読み終わるのが惜しい、というような、お気に入りのドラマの最終回を見たいのだけど、このまま終わってしまうのがさみしいような、そんな気持ちに似ています。

この書きすすめていくときの楽しさや幸福感、ゴールが見えてきてもうじき終わる、と実感したときの寂しさは、味わった者にしかわからない感情かもしれません。

ゴーストライターになったら、ぜひこの切なさも味わってみてください。

もちろん、今回のこの本も最大級の「ライティング　ハイ」を味わっています！

書くことが最高の幸せ！
そう思えたらゴーストライターは天職。

Chapter 5

ゴーストライターとして稼ぎ続けるための8か条

第1条　稼ぎ続けるための条件を頭に入れる

ゴーストライターで稼げるのは、こんな人！

この章では、これまでの総括としてゴーストライターで稼ぎ続けるための条件についてお話したいと思います。

いま、この条件を満たしている人はライターとして稼げる人です！

ただし、現在この条件に当てはまらなくても大丈夫です。また、条件のすべてを満たしていなくてもかまいません。この稼げる条件を頭に入れて、少しでもその状態に近づけるよう、これから心がけるようにしてください。

✓人に興味があり、好奇心旺盛な人は稼げる

そもそも、人のことはお構いなし、他人の気持ちや考え方に興味はないという人は、ゴーストライターにはあまり向いていません。

基本的に人に興味があり、
「あの人はどんな人なんだろう?」
「どんな苦労や努力をして、成功したのだろう?」
「あの職業の裏側は、じつはどうなっているんだろう?」
など、知りたい、覗いてみたい、聞いてみたい、**そしてそれを人に伝えたい、という気持ちがライターとしての原動力になるからです。**

ですから、普段からできる限り好奇心旺盛に生活するように心がけてください。

さらに稼げるゴーストライターになるには、上手に著者の気分を盛り上げていく技術を身に着けることも役立ちます。

それには、ライターが好奇心を持って著者の話を聞き、実際に感動できるかどうか……。

その姿勢は相手にも必ず伝わりますから、著者もどんどん気分が良くなって、深い話をしてくれるようになるのです。

これまでの30年間のライター人生で1万人以上の方々にインタビューして思うのは、人は誰しも自分の話を聞いてもらいたいし、理解して欲しいし、大切に思われたい、ということです。

ゴーストライターとして、相手を理解し、気持ちに寄り添い、感動ができれば、きっと著者も「この人にゴーストを頼んで良かった」と思うはずです。

それは間違いなく、**本の内容の善し悪しにも影響し、次の仕事にもつながっていきます。**

✓人の良い点を見つけるのが得意な人は稼げる

いま、好奇心旺盛な人は稼げるとお話ししましたが、さらに付け加えるとしたら、**人の良い点に目を向けられる人は、ゴーストライターで稼げる人です。**

そもそも本を出すような人は、人より秀でているものを持っているし、魅力的な人が多いだろうから、良い点を見つけるのは簡単では？　と思うかもしれません。

確かに誰でも気づくようなその著者の魅力は、たやすく見つけることができると思います。が、稼げるゴーストライターは著者自身が気づいていないような新たな魅力を見つけて引き出せる人です。

たとえばこんな感じです。

インタビューのときに著者が、

「私はこれまで、人生の絶体絶命の局面で、必ず運命の人と呼べるような人物と出会ってきました」

という話に、

「運が強いんですね」だけでなく、

「○○さんは、起死回生するために運命の相手を引きつける力があるのですね」

と、切り返します。

そう言われると、著者は、

「自分はこれまで、偶然、出会ってきたと思ってきたけど、じつは自分で運命の人を引きつけてきたんだ」

と、気づくわけです。

この「著者自身の気づき」をすくいとって、ゴーストライターは文章にしていきます。

著者が気づいていない「魅力」を見つけて、引き出せば引き出すほど、その本は著者の新たな魅力が満載の本になり、ヒットにつながるのです。

相手の言葉と言葉の間をつなげられる人は稼げる

限られたインタビューのなかでは、本に書く内容の一字一句を著者から聞き出せるわけではありません。

もちろん、話の筋はインタビューで聞けるはずですが、話と話のつなぎ部分は、ゴーストライターが書き綴っていかねばなりません。

例えば、ある女性タレントのゴースト本を担当したとします。インタビューでは、

「私、じつは40歳になるのがすごく怖かったんですよ。女としてどんどん下降線をたどっていくんだなって。でも実際に40歳になってみたら違った。30代の自分は中途半端に若さにしがみついてそれをウリにしてたけど、40歳になったらいい意味で開き直れました」

と答えたとしましょう。そんなときは、このように原稿を書きます。

「じつは私、40歳になるのが嫌で怖くて仕方がなかったんです。たとえて言うなら、生まれて初めてバンジージャンプに挑戦する直前のような気持ち。真っ逆さまに落ちていく恐怖心に足がすくむ思いでした。でも、実際に40歳の誕生日を迎えたら、いい意味で開き直れて若さでは

なく、本来の自分で勝負する決心がつきました。バンジージャンプで落ちて終わりかと思ったら、そこには新しい世界が待っていた、そんな感じです」


このように、ゴーストライターは、著者の言わんとする意味を解釈して、さらに読者にわかるよう「間」に肉付けして原稿に仕上げていくのです。

原稿書きは、基本、この繰り返しです。

この肉付け作業を適切に行うためには、やはり著者の基本的なキャラクターや好みを理解しているかどうかが大きなポイントになります。


何冊もゴースト本を担当していくと、この「間」を埋める作業が、気持ちいいくらいドンピシャ、ハマってくるのです。

ある男性タレントのシリーズ本を担当したときは、著者の話自体は、

「恋人や夫婦の関係を持続させたかったら、付き合う年数が長くなるのに比例して、相手への手綱を緩めることだ」

という話だったのですが、読者により分かりやすく趣旨が伝わるよう、実際はこう書きました。

ある知り合いのヘアメイクの女性から離婚の相談をされた。彼女は結婚して7年目。話を聞くと、ダンナが浮気をしているかもしれない、と言う。でも、実際に浮気の現場を押さえたわけではなく、彼女のほうが一方的に浮気を心配して、ダンナの携帯電話の履歴チェックはもちろん、帰宅時間が少しでも遅いと、ダンナにどこで誰と会っていたのか問い詰め、会社にも何度も電話をしているらしい。それが原因でダンナとはケンカが絶えないと言うのだ。

俺は彼女に、

「夫婦関係を円満に保ちたかったら、結婚年数が長くなるのと比例して、相手への手綱を緩めることだよ」

と、アドバイスした。

相手を束縛して手綱をきつく締めるから、相手は苦しがってよけいに逃げようとするのだ。

このように、具体的なエピソードを書き足しました。このネタはゴーストライターである私が独自に集めたものです。

エピソードを付け加えることで著者の考えをより分かりやすく説明できるため、本の内容がさらに濃いものになります。それができるゴーストライターに、仕事は殺到するのです。

✓涙もろい人はゴーストライターで稼げる人

ドラマや映画、スポーツの試合などを見て、感動して思わず涙してしまう人は、ゴーストライターで稼げます！

涙もろい人というのは、映画やスポーツの試合などで、それまで自分とは全く関係のない世界でも、登場人物の感情や試合中の選手の気持ちに素直に感情移入して、ありありと味わうことができる人です。

そういう人は、相手の状況や感情を、

「自分にもかつて似たようなことがあった」

と、自分の経験に結びつけて考えられますから、

「その気持ち、分かる！」

と心が動き、泣けてくるのです。

私はあまり涙もろくない、という人も大丈夫です。

ドラマでもニュースでも、ドキュメンタリーでも漫画でもいいので、そこに登場している人物に対して、

「もし自分が同じ立場なら、どう思うだろう？」

とありありと想像してみてください。

全く経験のない状況や時代背景であっても、「相手に恋焦がれる気持ち」や「裏切られた悲しさ」や「さりげないやさしさ」や「挫折からはい上がっていく気持ち」「ライバルに負けた悔しさや、自分への歯がゆさ」などは、自分自身にも、何かしら経験があるはずです。

できれば**自分の経験と結びつけて想像したり、同感したりする訓練を、日頃からしてみてください**。稼げるゴーストライターの適性は、育てようと思えばいくらでも育てることができるのです。

第2条　出版社とコネをつくる

出版社とのコネのつくり方

私の場合は、大学卒業後、ある教育系の出版社関連の編集プロダクションに就職し、5年ほど編集ライターの修業をしたあと、フリーライターになりました。

その頃は、編プロ時代の上司や先輩がいろいろな出版社や新聞社に移っていたので、人脈だけは豊富にありました。

ゴーストライターになったのも、出版プロデューサーになっていろんな出版社とのつながりがあった編プロ時代の上司から仕事が回ってきたからです。私自身は営業せずにゴースト本を任せてもらえる、恵まれた環境にあったわけです。

それでは、そうした知り合いがいない場合には、どんなコネの作り方があるのでしょうか。

そこで、仲間のライターやゴーストライターたちに、コネの作り方を聞いてみました。

●ライター仲間に出版業界の人たちのパーティや飲み会に誘ってもらい、コネを作った。

（34歳・女性ライター）

●撮影で仲良くなったカメラマンやヘアメイク、スタイリストは、いろんな出版社と仕事をしていてコネがたくさんあったので紹介してもらった。（29歳・女性ライター）

●情報誌のレギュラーをやっていた時に、担当の雑誌編集者から、書籍の編集者を紹介してもらい、タレントのゴースト本を書くようになった。（40歳・男性ライター）

●自費出版がメインの出版社で契約ライターとして、ゴースト本を年間20冊担当している。（38歳・女性ライター）

●音楽ライターとしていろんなアーチストとコネがあり、プロダクションやレコード会社に、アーチストの本を出さないかと話を持ちかけゴーストを担当。（33歳・男性ライター）

このように、一度ライターとしての仕事をはじめれば、仕事仲間経由で人脈を増やしていくことができ、ゴーストライターを含む新たな仕事につながっていきます。

現在、まったくコネがない新人の場合は、ライターセミナーなどに参加して、少しずつコネをふやしていく方法や、自分で原稿を書いて出版社や編集プロダクションに売り込む方法などをオススメします。

それでは、出版社に求められるゴーストライターはどんな人なのでしょうか。そこで、**「どんなゴーストライターと仕事をしたいか？」**という質問を、3人の出版社の書籍編集者に聞いてみました。

●「やはり人脈が広く、企画力があるライターさんだと有り難いですね。社内だけだと企画が偏ってしまうので『人気の著者に出版の話をつけられますよ』なんてライターさんがいたら、すぐ仕事をお願いしたいです」（N出版社）

●「文章力より編集者ときちんとコミュニケーションがとれるライターさんのほうがいいです。書籍の場合は、雑誌のように取材して原稿書いて終わりではなく、制作のスパンは長いので、人柄がいいライターさんのほうがいろいろ相談しながらすすめられますので。以前、気難しいライターさんの原稿に赤入れしたら〝キミが修正したほうが、原稿のクオリティが下がる〟とキレられて困りました」（G出版社・30歳・男性）

●「やはり仕事にプラスαができるライターさんとお仕事したいです。なぜなら、出版社も人員削減で人手が足りません。できれば企画提案から取材、原稿、編集まで丸なげできるライターさんがいるなら、定期的にお仕事頼みたいです」（J出版社・58歳・編集長）

これらの話を総合すると、「人柄（H）・企画力（K）・コミュニケーション力（C）」のあるライターさんが上手にコネを作れると言えそうです。

コネの基本は「H（人柄）K（企画力）C（コミュニケーション力）」。

第3条　まずはいろんなジャンルに挑戦
最初の10冊はいろんなジャンルを経験せよ

すでにお話したように、ひとくちにゴーストライターといっても、本のジャンルで原稿の書き方はかなり異なります。たとえば、タレント本とビジネス本では、原稿のトーンも構成の仕方も違います。

普通に考えれば、同じジャンルを連続して担当するほうが、そのジャンルのノウハウを学べていいのかもしれません。

しかし、エッセイ本ならエッセイ本、ビジネス本ならビジネス本ばかりに固執してしまうと、文体がワンパターンになりやすくなります。その結果、書き手であるゴーストライター自身の文体の幅が広がらずに、いつも同じ調子の原稿しか書けなくなって、苦しむことになりかねません。

著者が変わるのだから大丈夫なのでは？　と思われるかもしれませんが、著者の違いよりもジャンルの違いのほうが大きいケースがほとんどなのです。

とくにデビュー後から10冊くらいまでは、**エッセイ本、ノウハウ本、ビジネス本、自己啓発本など、ジャンルを問わず、できるだけ経験するのが良いでしょう。**

ジャンルが違えば、必然的に文章のタッチも変わってきます。

話し言葉で軽快な文章がいい本もあれば、きちんと「です、ます調」で書く本、男性読者を意識した「だ、である調」で書く本もあります。

章立てや構成、見出しの立て方も全く異なるため、これもまた勉強になります。

10冊いろいろ書いてから、自分が一番しっくりくるジャンルに特化していくほうが、長い目で見ても安定して書けると思います。

私も、この本を執筆するにあたって、自分が担当したゴースト本すべてを集めて読み返してみました。

ジャンルでは、圧倒的にタレント本が多いのですが、ビジネス本やノウハウ本、ドラマのノベライズ本など多岐に渡っています。

確かに最初は書きなれないビジネス本は苦労しましたが、著者の語った内容を具体的に紹介するために、**一般人の成功例や失敗例、読者目線の疑問の投げ方を文章にいれ込むことで、分かりやすく伝える術を学びました。**

ある大物政治家の秘書の本を担当したときも、インタビュー内容がまだ新聞にも載らないような最先端の話題ばかりで、理解するのにやっとの状態でした。

そのときのインタビューは、政治に詳しい編集者にお願いしました。

私は、取材したテープ起こしを何度も読み返し、不明点は著者に質問したり、自分で図書館に行って本で調べたりしました。

とても苦労しましたが、1冊書き終わる頃にはかなり政治の世界や選挙の仕組みに詳しくなっていました。

仕事だから仕方なくやるのではなく、与えられた課題に積極的に取り組み、自ら進んで学んでみる。

人生は一生勉強です。

この姿勢があれば、どんなジャンルでもこなせます。

著者を先生だと思って学べばいいのです。

こんなに自分自身もプラスになる仕事は、ゴーストライター以外にありません。

ゴーストライターは一生勉強できる素晴らしい仕事。

第4条　積極的に提案しよう
「営業は自分で著者を見つけて出版社へ提案するのが基本」

稼ぎ続けるためには、受け身ではダメです。

自分から出版社に売り込む努力が必要です。

私の場合は、途中から出版プロデューサー的な立場で、自分で企画立案から著者を選定し、出版社へ提案していました。

編集プロダクションに所属して編集ライターをやっていた頃から、企画を考えるのは得意でした。

その編プロが、もともとタレントやスポーツ選手を取り上げる雑誌の芸能ページを担当していたことで、出版業界に入った当初から人気アイドルたちをずっと取材してきました。

その当時からの芸能界での人脈があったので、ゴーストライターとして仕事をするようになってからも、タレント本を担当することが多かったのです。

今まさに旬のタレントさんを著者に立てて、出版社に企画を持ち込み、ＯＫが出ればタレントの所属プロダクションへ企画交渉にも出向いていきます。

企画を持ち込むときには、「企画書」が必要になります。実際に企画提案をしたいと出版社に連絡すると、

「まずは企画書を送ってください」と必ず言われます。すべては「企画書」を書くことからスタートします。

そこで、実際に私が提案した企画書（次ページ参照）をご紹介します。

提出者：やすだ　あんな　　　　提出日　平成○○年××月○○日

企画書

	『心理学者A先生の一瞬のしぐさで 相手の心を透視する心理学』（仮タイトル）
企画概要	相手の気持ちが手に取るように分かったら、仕事も恋も、すべての人間関係も円満にいくのに……。そう悩む人は多いものです。 人に気を遣い、心配りができる人ほど「本当はどう思っているのだろう？」と、相手の心を先読み、裏読みして疲れてしまう、ということはよくあるもの。 また、最近はラインやツイッターなどを通じたトラブルも多発。これらはネットでのやり取りがメインになったがゆえ、いざ相手と面と向かったときに本音を出せず、コミュニケーションがうまくいかなくなっていることが原因だと思われます。 そこで、心理学者のAさんに、具体的なシーンを設定し、相手のしぐさ、表情、言動にはどんな心理が隠されているのか分析していただきます。さらにケースに合わせてどう振舞えば良いのかアドバイスしていただく1冊にしたいと考えます。
企画内容	**●part1：職場で相手の心理を見抜く** （すぐ腕組みする上司の心理、目を見て話さない後輩、とにかく大声で話す同僚など） **●part2：恋愛で相手の気持ちを透視する** （キョロキョロ落ち着かないカレ、すぐボディタッチする彼女、別れた後に振り返らないカレなど） **●part3：友人関係で相手の心を丸裸にする** （すぐイヤミをいう女友達、ジェスチャーが大きい友人、やたらうなずくママ友など）
	備考：出版社　N社 出版希望月：秋頃 ※数回インタビューさせていただき、原稿にまとめます。

ご検討の程、よろしくお願い致します。

※**類似書**／似たような内容・ジャンルの書物のこと

このように、企画書は「企画概要や趣旨」「企画内容」「備考、スケジュール」の3本柱でまとめていきます。

ポイントとしては、読者ターゲットを明白にし、「この年代の層には、こういったニーズがあるので、本書の内容は多くの読者にアピールできる」ということを書くといいでしょう。

さらに、提案した出版社に「出来上がりの本のイメージ」を伝えるために※**類似書**の資料を添付するのもいいかもしれません。

こうやって自ら企画提案をすると、利点がいくつもあります。

それは、自分で仕掛けるので自分の得意分野で堂々と勝負できる点です。

また、どこの出版社側も売れる企画が欲しいので、信用ある相手からの企画提案は検討してもらえます。一度、取引をして、かつ担当した本が売れていれば、提案は受けてもらえるでしょう。

そういったお付き合いができる出版社をいくつか持っていれば、コンスタントにゴースト本を担当することができるのです。

さらに、人気のタレントや文化人を著者にすると、ファンは必ず買うため、売上の予測が立てやすいという利点もあります。

よって、そうしたネームバリューのある著者の本を大手の出版社で出す場合、初版部数も大体1万部からスタートします。多いときは初版3万部、ということもありました。

やはり勢いのあるタレントの本だと、テレビや雑誌などで宣伝してもらえることも期待できるので、売れる可能性は高くなります。

また、自分で仕掛けることで、自分が会いたかった人、憧れている人と一緒に仕事ができる魅力もあります。

職権乱用と言われようと、自分の憧れの人と実際に話ができて、原稿も書けて、その本がヒットすれば、これ以上の幸せはありません。

まさしく、自分が本当に好きなことを仕事にしている幸せは、何ものにも変えられません。

自分で「企画」を提案すれば、憧れの著者と売れる本を作る幸せを得られる。

第5条　自費出版を意識する
これからは自費出版の著者に注目せよ

前の項目でお話ししたように、タレントや著名人の本は売れる可能性が高いのですが、ただ売れそうな著者の名前で企画書を書いただけでは、実現する可能性はあまりありません。著者となるタレントや著名人の側にもある程度のコネがあり、その企画を受けてもらえる見通しがなければ出版社も採用してくれないからです。

ですから、狙い目ではありますが、そう簡単ではありません。

そこで注目なのが自費出版です。自費出版は、現在、ゴーストライターの需要が多い分野で、これからますます増えると思います。

これだけ一般の人たちにブログやツイッター、フェイスブック、メールマガジンが当たり前のように使われている時代です。

活字離れ、本を読まない世代、と言われていますが、**これからは「読みたい」より「自分で書きたい」と思う人がさらに増えるのではないか**、と思います。

Chapter 5

ゴーストライターとして
稼ぎ続けるための8か条

私にも自費出版で本を出される方のオファーが、去年からグンと増えました。

英語の勉強法や投資術、小児科の先生の育児本、司法書士の本、歴史小説など、どの本もそれぞれの著者のプロフェッショナルなノウハウを、たっぷり詰め込んだ力作となりました。

インタビューで原稿をまとめたものもあれば、著者が実際に原稿を書いたものを、リライトや編集をしてまとめたものもあります。

ゴーストライターが絡むと、すべてゴーストライターが書くと思われるかもしれませんが、実際はそうではありません。

自費出版などは、できるだけ著者の意向を尊重し、ご本人が書いたブログや原稿を活かして、ゴーストライターが1冊にまとめることも多いのです。

最近では自費出版の部門を設けている出版社が増えています。

ゴーストライターだけでやっていきたいのなら、今後は自費出版の著者は大切なクライアントになるでしょう。

自費出版専門の出版社などは、随時、ゴーストライターを求めています。原稿料はあまり高くありませんし、印税もほぼ期待できないのですが、早書きのライターは、月に2冊、原稿を書き上げるそうです。

時代の流れに、まだまだゴーストライターの数が追いついていません。本を出したい人の要望をすくいとって表現できるゴーストライターが、出版業界では誰よりも必要になっている現状は覚えておきましょう。

これからは一般人が本を出す時代。

ゴーストライター、急募!!

第6条　売れる本を書く
担当したゴースト本をベストセラーにする

稼ぎ続けるためには？　という問いには、やはり「自分が担当したゴースト本をベストセラーにすることが一番です」と答えます。

自分の名前が公にならなくても、本がベストセラーになれば出版業界内で、

「あの本は、誰が担当したの？」

と話題になったりするものです。

私の場合も、3万部突破した本は、他の出版社の編集者も売れたことは知っており、

「あの本、あなたが担当したの？」

と、興味津々で聞かれたものです。

企画提案する際は、やはり過去の作品がどれだけ売れたかがポイントにもなります。

やはり早いうちにヒット作を出しておくと、オファーの数も違います。

また、**出版業界ほど「クチコミ」がモノをいう世界もありません。**

これはライターに限ったことではありませんが、編集者、ライター、カメラマンなど取材に関わる人たちの合い言葉は、

「○○って、どうだった？」

というセリフです。

この○○に入るのは「タレント名」だったり「ライター名」「カメラマン名」「編集者名」「会社名」だったりします。

誰かを取材してきた、という話になれば、

「○○○ってタレント、どうだった？　インタビューのとき良くしゃべるの？」

「うん、すごくいい人だった。いろんなことしゃべってくれて盛り上がったよ」

「そうなんだ、じゃあ、次号の巻頭ページでインタビューお願いしようかな」

といった会話が繰り広げられます。

良い話題ならいいのですが、反対に、

「すごく感じ悪くてさ、二度と取材したくない」

ということになれば、悪いクチコミがあっという間に広がります。

これはゴーストライターも編集者も同じです。

ヒット作を出しても、「感じの悪いライターだった」ということになれば、オファーは期待できません。

ベストセラーになったのは、著者の力、と思われてしまうからです。

もちろん、過去にベストセラーを出したという実績は大きなプラスになりますが、それ以上に**「このゴーストライターなら、一緒にベストセラーが作れそうだ」と著者や編集者に思ってもらうほうが、ずっと大切です。**

**ゴーストライターとして
ヒット作を出すと
その評判は必ず業界に広まる！**

第7条　有名人に食い込む
大御所のお抱えゴーストライターになる

稼ぎ続けるための方法として、**大御所の担当ゴーストライターになるという方法**もあります。

ある大物芸人には、お抱えゴーストライターがいると聞いています。

著者本人とツーカーの間柄なので、取材はほとんどしないで普段の雑談の中で1冊書いてしまうそうです。

本を出せば必ず最低は3万部売れる著者のお抱えゴーストライターになれば、それだけで食べていけるわけではないものの、ボーナスをもらう感覚で仕事ができるはずです。

お抱えライターになるということは、出版社がどこであっても、著者本人のご指名になるので、基本、原稿はお抱えゴーストライターの書いたものでＯＫ、著者がそれにあれこれいうことはほとんどないはずです。

よって、出版社の負担はすごく軽いと思われます。

きっと印税率も著者と半分半分ではないでしょうか。

もし、あなたが有名な著者を担当することになったら、ぜひベストセラーを出すように努力してください。その結果、その後もずっと同じ著者のゴーストライターになれるなら、稼ぎ面で見ても悪くはありません。

出版すれば必ずベストセラーになる
著者をつかまえるのも成功の近道。

第8条　仕事仲間とチームを組む

仲間同士でフォローし合う

私の場合は、他の案件とスケジュールがかぶった時のことも考え、もうひとり、ゴーストライターができる編集ライターとずっとコンビを組んで仕事をしています。

スケジュールが合わず、仕事を断ってしまうことほど、もったいないことはないからです。

じつはライターやカメラマンは、同じ取材現場で同業者同士が一緒になることはまずありません。

ゴースト本に限らず、ひとつの案件に担当ライターはひとりの場合がほとんどです。

たまにカタログなどの案件では、何人かのライターが担当することはありますが、ゴースト本では大抵、ひとりのライターが原稿を書いていきます。

これには理由があって、著者はひとりなのにふたり以上のライターが担当してしまうと、どうしても文章の書き方の癖やタッチが異なってしまうため、統一するのが難しくなるからです。

私の場合は、年齢もキャリアも10年以上若いライターと組んでいるので、最終的に私が文章のタッチを統一しているので問題はありません。

もし、お互い同じくらいのキャリアな場合は、1冊をふたりで担当するのは逆に難しいのかもしれません。

私は将来、ゴーストライターやライターを育てながら、フリーランスのライターをまとめる会社を作りたいと思っています。

多種多様なライターがいれば、クライアントや著者の要望に合ったライターを選んで担当させるシステムを作れるからです。

孤立しがちなライター同士も、情報交換をしながら案件によって助け合っていければ、ライター業ももっと安定したものになるはずです。

コラム

「ゴーストライター〝あるあるネタ〟大公開!?」

ゴーストライター（又はライター）にも「職業病」はあります。ここでは「ゴーストライターならではの、ついやってしまうこと」を紹介します。（注：あくまで、著者の経験上です）

●**本は奥付から読む。**↓興味のある本は、まず奥付を見て「増刷がかかっているか」をチェック。そのあと「編集協力」を見て、誰がゴーストしたか、つい確認してしまいます。

●**テレビなどで著名人を見ると「この人、本出したら売れるか？」と考えてしまう。**↓番組の内容より、つい著者探しが優先してしまいます。

●**気になるタレントがいると、まず所属事務所をチェック。**↓コネのある事務所なら、本を出す気があるか打診することも。なので、タレントの所属事務所は大体、頭に入っています。

●**取材以外でも、人の話はオーバーアクションで聞いてしまう。**↓本当にもう無意識に、です(笑)。

●**悩み相談されると、「ネタで使えるか」と考えてしまう。**↓毎回じゃないですが、つい（笑）。

……これ以外にもたくさんありますが、身の回りで起こったことがすべて仕事につながるのがゴーストライターです。だから、楽しいし、やりがい100倍！　なのです。

Chapter 6

ゴーストライターズスクール演習問題

ここまで読んでいただいたライター志望の読者の皆様に、レベル別に「演習問題」を出題します。テーマは、原稿を書くときの基本やインタビュー取材の仕方について。ゴーストライター（またはライター）としてのテクニックを高めるために活用してください。

なお、ここで掲載している「答え」はあくまでも参考で、ほかにもっと良い回答があるかもしれません。基本的な文章の書き方は押さえつつも、あなたらしさを発揮できるアイデアや文章表現を目指しましょう。

Q

テーマ　句読点

以下の「早口ことば」を読んで、適切な場所に「句読点」を打ち、ひらがなを漢字に直して読みやすい文章に直しなさい。

(例) となりのきゃくはよくかきくうきゃくだ。 ⬇ 隣の客は、よく柿食う客だ。

1 このくいのくぎはひきぬきにくい。

2 ぶたがぶたをぶったらぶたれたぶたがぶったぶたをぶったのでぶったぶたとぶたれたぶたがぶったおれた。

3 うたうたいがきてうたうたえというがうたうたいくらいうたうまければうたうがうたうたいくらいうたうまくないのでうたうたわぬ。

句読点　こたえ（解答例）

1 この杭の釘は、引き抜きにくい。

2 ブタがブタをぶったら、ぶたれたブタがぶったブタをぶったので、ぶったブタとぶたれたブタが、ぶっ倒れた。

3 歌唄いが来て歌唄えと言うが、歌唄いくらい歌うまければ歌唄うが、歌唄いくらい歌うまくないので、歌唄わぬ。

【解説】「早口ことば」は同じ単語や似たような読み方が続くので、句読点の振り方が難しいのです。適した箇所に句読点を入れ、ひらがなを漢字に変換すると、文章はとても読みやすくなります。

Q

テーマ　リズムのいい文章

以下の例に習って、以下の文章をリズム良く読みやすい文章に直しなさい。

（例）今日から連休だ。友人と一緒に話題の映画を見にいった。映画館はすごく混んでいた。映画は前評判通りの秀作だった。並んで見た甲斐があった。

⬅

今日から待ちに待った連休がスタート。友人を誘って前から行きたかった映画を見に行くことにしました。映画館は案の定、ものすごく混んでいましたが、作品は評判通りに感動的な内容でした。帰り道、友人と「並んで見た甲斐があったね」と、笑顔で話しました。

問

今後、子どもの数は年々減る。大学の学生確保はますます難しくなる。大学淘汰が予測される。各大学は学生にとって魅力のある学部の新設、卒業後の就職支援の強化が課題となる。また、願書をネットで出願できる大学も増えるだろう。

リズムのいい文章

こたえ（解答例）

今後ますます少子高齢化が進んでいきます。そんななか、大学の学生確保は難しくなり、大学の淘汰も進んでいくと予想されます。各大学は学生にとって魅力のある学部の新設や、就職支援の強化、ネットでの願書提出など、さらに学生主体の大学づくりを目指すことが必要不可欠になるでしょう。

【解説】文章はまとめると、読み手が分かりやすくなります。問題点を明らかにした後に、解決策や今後の課題を書くと文章が締まります。

Q

テーマ 読者ターゲット

あなたは、あるアイドルグループの「育ての親」と言われるプロダクションの社長を著者にした本のゴーストライターです。読者ターゲットを想定し、次の質問に答えよ。

1 この本を買うのは、主に「どんな人たち」ですか?

2 読者は、この本に「何を求めている」と思いますか?

3 読者がこの本から、とくに「知りたい情報」はなんですか?

読者ターゲット

こたえ（解答例）

1 アイドルグループのファン、または組織をマネジメントする立場のリーダー。

2 なぜ、このアイドルが売れたのか、その戦略とアイドルの育て方。

3 個々のアイドルの売れるまでの知られざるエピソード。

【解説】どんな読者をターゲットにするべきか、また、読者がその本に求めるものを明確にすることが、ベストセラーの近道です。それを元に、章立てや構成、質問事項を考えていきます。

Q

テーマ

プラス思考

以下の文章は、ネガティブな要素が入っています。プラス思考で書き直しなさい。

1 そのレストランは最寄駅から30分くらいかかるが、行ってみる価値はある店だ。

2 彼女は口うるさいのが欠点だが、面倒見のいい人だ。

3 あの人気商品を買えるのは、都内でたった2軒だけだ。

プラス思考　こたえ（解答例）

1 そのレストランは都会の喧騒を忘れさせてくれる場所にあり、一度行ってみる価値のある店だ。

2 彼女は細かいところによく気がつく、面倒見のいい人だ。

3 あの人気商品は、都内で限定販売しているので、とてもレアものだ。

【解説】 ネガティブな表現を、違う側面からどう捉えるかがポイントです。
解答例の傍線の表現のように言い換えると、ポジティブな面が強調されます。

Q

テーマ　要約——リライト

以下の文章の必要な部分は残して、余分な文章は要約し80文字以内でまとめなさい。

問

友人と河川敷にあるキャンプに出かけた。昼間はカヌーや釣り、バーベキューを楽しんだ。夜は他のグループも合流してキャンプファイヤーで盛り上がった。夜空の星がきれいだった。草むらからは、虫の鳴き声が聞こえた。生まれてはじめてテントで眠った。とても充実した時間を過ごせて幸せだった。（１３８字）

A

要約――リライト

こたえ（解答例）

友人と河川敷のキャンプ場に出かけた。昼間はカヌーや釣り、バーベキュー、夜は満天の星空と虫たちの演奏を楽しんだ。初めてテントにも泊まり、充実した時間を過ごした。

【解説】 問題文にある、「楽しんだ」「盛り上がった」「きれいだった」という感想は、文章をまとめた最後に「楽しんだ」のひと言でまとめると、文章が簡潔で分かりやすく要約できます。

Q

テーマ

インタビュー

あなたは、ある有名なスポーツ選手にインタビューすることになりました。マネジメントしているプロダクションに取材を申し込むにあたって、次の問いに答えよ。

1 取材を依頼する際の方法を3つ以上答えよ。

2 電話でアポイントメントする際、何時ごろかけるのがベストか？

Ⓐ 午前11時　Ⓑ 午後2時　Ⓒ 午後6時

3 依頼をする時に必要なものや大切なポイントは何か？　3つ以上答えよ。

インタビュー　こたえ（解答例）

1 電話、メール、手紙

1 Ⓐの午前11時

3 「企画書」「自分の簡単なプロフィール」「出版社の情報」「相手のプロフィールなどの資料」「取材をお願いしたいという熱意」「社会人としてのマナー」

【解説】 1の依頼方法は、初めて取材する相手にはいきなり「電話」するよりも「メール」で依頼することが多くなりました。稀に、大作家への取材依頼を手紙で、というケースもあります。

2の電話でアポイントメントを入れるときの時間帯は、Aの午前11時頃がベストです。なぜかというと、タレントや著名人の事務所へアポを入れる場合、マネージャーなどが出社して朝のミーティングが終わってひと息入れられるのが、この時間だからです。

また、個人宅の場合も、午前中は私用で在宅している率が高く、一番落ちついて話ができる時間帯が午前の11時頃だからです。

逆に、午後2時は外出する前だったり、来客中の場合が多く、午後6時は会社を出て打ち合わせに出ていることがほとんどで、担当者が捕まらないケースが多いです。

3の「企画書」は、先方とのコンタクトに必要不可欠。電話でもメールでも、まずはこちらの「簡単なプロフィール」「出版社の情報」を伝えて、取材者として信用してもらいます。そのためには「社会人としてのマナー」は必要ですし、「取材をお願いしたいという熱意」を伝えるためには「相手のプロフィールなどの資料」を読み込み、しっかりアプローチします。

Q

テーマ

見出し、タイトル

以下は、あるゴースト本の見出しタイトルです。中に2つだけ不採用になったものがあります。選んで理由も答えなさい。

1 才能を引き出す暗証番号は、「自信」

2 ダイエットは女の履歴書

3 完璧より、いいかげんのほうが難しい

4 昨日の敵は今日の友、政治家たちの生き残り学

5 私のお気に入りひまつぶしベスト3

A

見出し、タイトル

こたえ（解答例）

1、**5**

【解説】 1は、伝えたいことはわからなくもないが、いきなりタイトルに出すのは不向きです。

あくまでも本文の中で「たとえば、銀行に100万円預金していても、暗証番号を忘れてしまえばお金は引き出せません。才能も同じです。〝自信〟という暗証番号がなければ、もともと才能があっても引き出すことはできないのです。」というように書かれてはじめて、「なるほど」と読者に理解してもらえる文だからです。

5は、そもそも「ひまつぶし」というキーワードが前向きなフレーズではなく、読者に「ぜひ読みたい」と思われません。同じニュアンスで見出しを考えるなら「スキマ時間の有効活用ベスト3」などが良いでしょう。

参考文献

「ライターになるための練習問題100」（雷鳥社）

エピローグ

この本を最後まで読んで、

「なんだ、やっぱりライターになるのは難しそうだ」

とか、

「ゴーストライターになるのは大変そうだ」

と、思った方もいるかもしれません。


でも、安心してください。

どんなにベテランのライターでも、ベストセラー作家でも、書き上げた原稿を一度も手直しせずに本にすることはまずありません。

ライター自身はもちろん、編集者や校正マンが何度も誤字脱字や文章の乱れをチェックして修正を重ね、最終原稿に仕上げていくからです。そうして実践を重ねていくうちに、テクニックは身についてきます。

だからと言って文章の基本ができていないようでは、プロの世界ではもちろんやってはいけません。

ライターやゴーストライターだけでなく、**どんな仕事でも基礎やノウハウを学ぶ大切さは同じです。基礎は必ず身につけてください。**

今から10年くらい前までは、出版業界でも、駆け出しの新人を育てる土壌がまだまだありました。しかし、ここ数年は、どこの出版社も制作会社も、新卒をとらない会社が増えました。いくら「文章を書くのが好きで、将来、ライターになりたい」と思っても、新人ライターを受け入れて、育てる環境がなかなかないのが現状なのです。

気が付けば、一番、感性が豊かで取材であちこち動き回れる20代から30代前半の書き手が、いまほとんど育っていない状況になっています。

「本や雑誌が売れない」

「書けるライターがいない」

と、ぼやくばかりで、**人材を育てる努力をしなかったのも、私は出版不況の原因のひとつだと思っています。**

私はいま、ゴーストライターのノウハウを公開するこの本を書いたことをきっかけに、これからは、ライターやゴーストライターを積極的に育てていこうと考えています。

ライターの希望者のために出版セミナーやライタースクールを開催し、ライティングの基礎を学んでもらい、実践で使える技術やノウハウをお伝えしたいと思っています。

優秀な書き手が増えれば、それだけ新たな企画やアイデアが生まれ、必ず、新しい波が訪れます。

そのうち、業界のタブーと思われがちだったゴーストライターが、当たり前の存在となり、著者が優秀なゴーストライターを堂々と指名し、

「私の本、○×さんというゴーストライターに書いてもらったの」

と、公言する時代がくるかもしれません。

それを信じて私自身も、ますます精進し、前進していきたいと思っています。

最後に、この本を出版するにあたって、株式会社創幻舎の社長、渡部純一さんには大きなチャンスをいただきました。渡部さんが私の企画を「なかなか、おもしろそうですね!」と、興味を持ってくださらなければ、この本は誕生しませんでした。

また、編集を担当してくださった、コスモの本の石田伸哉さんは、私の書いた原稿の足りない部

分を指摘してくださり、読者にとってより分かりやすい内容へとご助言いただきました。

この場をお借りして、心より感謝を申し上げます。ありがとうございました。

そして、ハッピーレオの加藤道子さん。この10年間、一緒に走ってくれて本当にありがとう。あなたの目覚しい成長と協力がなければ、今の私はありません。これからも頑張っていきましょう。

また、デザインを担当してくださった野田由美子さん。素敵な本文デザインと、装丁、本当にありがとうございました。

出版業界で30年。たくさんの先輩方から叱咤激励やたくさんのご指導をいただきました。著者の方々含め、業界内外の多くの方々のお導きがあったからこそ、現在の自分がいると思います。ここに深く感謝を申し上げます。

この本を縁に、ライターを目指す多くの方々と直接、お会いして共に学ぶ機会が訪れること、さらには将来、一緒に仕事ができる機会が訪れることを願ってやみません。

平成26年　初秋　　やすだ　あんな

Present!

特典

本書を最後まで読んでくださった方々へ
プレゼント！

あなたのブログ、フェイスブックの文章を、たちまち稼げる文章に激変させるプロのノウハウをお教えします。具体的にどのようにカスタマイズすれば「プロの稼げる文章」になるのか、ケースごとにレクチャーします。

期間限定！ 今すぐこちらにアクセス!!

http://sogensha.ne.jp/sp/

やすだ　あんな

大学卒業後、編集プロダクションにて雑誌や単行本で主に芸能人、スポーツ選手の取材、編集、原稿執筆を手がける。修業時代を経てフリーランス編集ライターへ。25才のときに初めてゴーストライティングしたプロ野球選手の本が10万部突破。その後、25年間で担当したゴースト本は電子書籍も含め約90冊で累計250万部。これまでインタビュー取材した著名人、ビジネスパーソンは12，000人以上。現在は、制作集団「HappyLeo」の代表として、単行本以外にも雑誌、カタログ、WEB コンテンツなど幅広いジャンルで企画から制作まで行っている。今後は、ゴーストライター（ライター）の育成に力を注ぐ予定。

●ブログ　**http://ameblo.jp/happyleo7/**
●著者への取材・制作依頼など連絡先　**info@happyleo.jp**

本文・カバーデザイン／野田由美子
編集／加藤道子（ハッピーレオ）
イラスト／吉田恵子
撮影／エグマレイシ（著者写真）

「ゴーストライター」になって 年1000万円稼ぐとっておきの方法

2014年11月13日　初版第1刷

著　者　やすだ　あんな
発行人　渡部純一
発行所　創幻舎　http://sogensha.ne.jp/
〒100-0005　東京都千代田区丸の内1-8-3
丸の内トラストタワー本館20階
電話 03-6269-3053　FAX 03-6269-3054

発売元　コスモの本
〒167-0053　東京都杉並区西荻南3-17-16
電話 03-5336-9668　FAX 03-5336-9670

印刷・製本　株式会社シナノパブリッシングプレス

　ISBN978-4-86485-011-7　C0030